应用型人才培养实用教材
普通高等院校机械类"十三五"规划教材

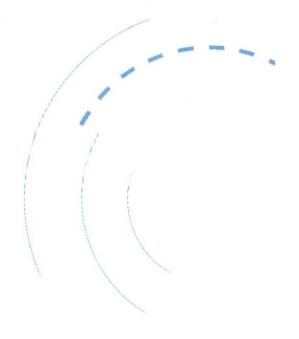

画法几何与机械制图习题集

主　编　高成慧　夏庆国　朱定见
副主编　李　和　张海燕

西南交通大学出版社
·成都·

内容简介

本书是《画法几何与机械制图》教材的配套用习题集，其内容编排与教材一致，共分 10 章，内容包括制图的基本知识与技能、投影基础、基本体及其表面交线的投影、组合体、轴测图、机件常用的表达方法、标准件和常用件、零件图、装配图和计算机绘图。

《画法几何与机械制图》及配套的《画法几何与机械制图习题集》可作为高等院校机械类各专业机械制图课程的教学用书，也适用于其他类型院校相关专业的课堂教学、网络教学、教学参考及自学等，还可供工程技术人员参考。

图书在版编目（CIP）数据

画法几何与机械制图（含习题集）. 2. 画法几何与机械制图习题集 / 高成慧，夏庆国，朱定见主编. —成都：西南交通大学出版社，2019.8（2023.7 重印）

应用型人才培养实用教材　普通高等院校机械类"十三五"规划教材

ISBN 978-7-5643-7092-3

Ⅰ. ①画… Ⅱ. ①高… ②夏… ③朱… Ⅲ. ①画法几何 – 高等学校 – 习题集②机械制图 – 高等学校 – 习题集 Ⅳ. ①TH126-44

中国版本图书馆 CIP 数据核字（2019）第 182424 号

应用型人才培养实用教材
普通高等院校机械类"十三五"规划教材

Huafa Jihe yu Jixie Zhitu Xitiji

画法几何与机械制图习题集

主编　高成慧　夏庆国　朱定见

责任编辑	何明飞
封面设计	何东琳设计工作室
出版发行	西南交通大学出版社 （四川省成都市金牛区二环路北一段 111 号 　西南交通大学创新大厦 21 楼）
发行部电话	028-87600564　028-87600533
邮政编码	610031
网址	http://www.xnjdcbs.com
印刷	四川森林印务有限责任公司
成品尺寸	260 mm×185 mm
总印张	26.25
总字数	651 千
版次	2019 年 8 月第 1 版
印次	2023 年 7 月第 2 次
书号	ISBN 978-7-5643-7092-3
套价（全 2 册）	76.00 元

课件咨询电话：028-81435775
图书如有印装质量问题　本社负责退换
版权所有　盗版必究　举报电话：028-87600562

前 言

《画法几何与机械制图习题集》是根据地方高校应用型人才培养目标，依据教育部高等学校工程图学教学指导委员会2015年制订的《普通高等学校工程图学课程教学基本要求》，针对地方高校开设机械类制图课程教学需要，参考国内外同类教材的精华，结合本课程组多年教学改革经验编写而成，更符合地方高校应用型办学定位和专业人才培养目标定位。

本习题集精简了画法几何中较难的内容，各章习题由易到难，循序渐进，注重基础训练，同时配有不同难易程度的练习题，供不同层次的学生练习。

本书由高成慧、夏庆国、朱定见任主编，李和、张海燕任副主编。参加本书编写工作的还有湖北文理学院付正飞、张俊、张良斌、杨晓平等。

本书编写过程中参考了国内一些同类教材及习题集，特向有关作者表示诚挚的谢意，特别感谢湖北工业大学赵大兴老师和华中科技大学阮春红老师在教材编写过程中给予的帮助和指导。

由于编者水平有限，时间仓促，书中难免存在缺点和不足之处，恳请读者批评指正。

编 者

2019 年 4 月

目　录

1 制图的基本知识与技能 ·· 1
　　1.1 字体练习 ·· 1
　　1.2 线型练习 ·· 2
　　1.3 尺寸标注 ·· 3
　　1.4 几何作图 ·· 4
　　1.5 抄画平面图形并标注尺寸 ··· 5
2 投影基础 ·· 6
　　2.1 根据三视图，辨认相应的立体图，并在立体图上填上相应号码 ····················· 6
　　2.2 根据立体图和两视图补画第三视图 ··· 7
　　2.3 点的投影 ·· 8
　　2.4 直线的投影 ·· 9
　　2.5 平面的投影 ·· 11
　　2.6 直线与平面、平面与平面的位置关系 ·· 12
3 基本体及其表面交线的投影 ··· 13
　　3.1 平面立体及其表面上点或线的投影 ··· 13
　　3.2 平面与平面立体相交 ·· 14
　　3.3 曲面立体及其表面上点、线的投影 ··· 15
　　3.4 平面与曲面立体相交 ·· 16
　　3.5 立体与立体相交 ··· 18
4 组合体 ··· 20
　　4.1 根据立体图，补全视图中所缺漏的图线 ·· 20
　　4.2 根据立体图，补画第三视图 ·· 21
　　4.3 根据轴测图上所注尺寸，1∶1画出组合体的三视图 ································· 23
　　4.4 根据轴测图，在图纸上绘制组合体的三视图，并标注尺寸 ······················· 25

  4.5 已知组合体的两视图，补画第三视图 ··· 26
  4.6 应用线面分析法，补画组合体的第三视图 ··· 29
  4.7 补全下列视图中所缺漏的图线 ·· 32
  4.8 选择正确的组合体视图 ·· 33
  4.9 标注组合体的尺寸，尺寸数值 1∶1 从图中量取，取整数 ······························ 34
  4.10 组合体的构型设计 ·· 35

5 轴测图 ·· 37
  5.1 画出下列物体的正等轴测图 ·· 37
  5.2 画出下列物体的斜二轴测图 ·· 39
  5.3 画出下列物体的第三视图，并徒手画出其轴测图 ······································· 40

6 机件常用的表达方法 ·· 41
  6.1 基本视图、斜视图和局部视图 ··· 41
  6.2 补画剖视图中漏画的线条 ··· 43
  6.3 在指定的位置将主视图改画成全剖视图 ··· 44
  6.4 在指定位置画出全剖的左视图 ··· 45
  6.5 在指定位置将相应的视图改画为半剖视图 ··· 46
  6.6 按要求完成下面半剖视图 ·· 47
  6.7 按要求完成下列局部剖视图 ··· 48
  6.8 将主、俯视图改画成局部剖视图 ·· 49
  6.9 用阶梯剖切的方法将主视图改为全剖视图 ··· 50
  6.10 用旋转剖切的方法将视图改为全剖视图 ·· 51
  6.11 断面图 ·· 52
  6.12 断面图和其他表达方法 ·· 53
  6.13 用适当的表达方法表达机件 ··· 54
  6.14 用适当的表达方法在图纸上表达机件 ·· 56

7 标准件和常用件 ·· 57
  7.1 指出螺纹画法中的错误，并在指定位置画出正确的图形 ····························· 57
  7.2 螺纹代号的含义及其在图中的标注 ·· 58
  7.3 螺纹紧固件及其连接的画法 ··· 59

7.4 画出螺栓连接、螺钉连接和双头螺柱连接的装配图 …………………………………… 60
7.5 键连接 ……………………………………………………………………………………… 61
7.6 完成直齿圆柱齿轮的啮合图 ……………………………………………………………… 62
7.7 销连接及轴承的画法 ……………………………………………………………………… 63

8 零件图 …………………………………………………………………………………………… 64
8.1 根据零件的轴测图在图纸上画出零件图 ………………………………………………… 64
8.2 按要求标注表面粗糙度和尺寸公差 ……………………………………………………… 66
8.3 配合与几何公差 …………………………………………………………………………… 67
8.4 读输出轴零件图，完成下列问题 ………………………………………………………… 68
8.5 读套筒零件图，完成下列问题 …………………………………………………………… 69
8.6 读拨叉零件图，完成下列问题 …………………………………………………………… 70
8.7 读泵体零件图，完成下列问题 …………………………………………………………… 71

9 装配图 …………………………………………………………………………………………… 72
9.1 根据千斤顶零件图拼画装配图 …………………………………………………………… 72
9.2 根据旋塞零件图拼画装配图 ……………………………………………………………… 74
9.3 读泄气阀装配图并完成下列问题 ………………………………………………………… 76
9.4 读手压阀装配图并完成下列问题 ………………………………………………………… 77
9.5 读齿轮油泵装配图并完成下列问题 ……………………………………………………… 78

10 计算机绘图 ……………………………………………………………………………………… 79
10.1 用 AutoCAD 绘制下列平面图形 ………………………………………………………… 79
10.2 用 AutoCAD 绘制组合体的三视图并标注尺寸 ………………………………………… 80
10.3 用 AutoCAD 绘制剖视图并标注尺寸 …………………………………………………… 81
10.4 用 AutoCAD 绘制零件图 ………………………………………………………………… 82

参考文献 …………………………………………………………………………………………… 83

1 制图的基本知识与技能

1.1 字体练习

制图设计审核数量材料比例序号名称技术要求其余备注

长对正高平齐宽相等主视图左右上下前后专业班极姓名学院机械工程系

1234567890ABCDEFGHIJKLMNAOP

RSTUVWXYZ Ⅰ Ⅱ Ⅲ Ⅳ Ⅴ Ⅵ Ⅶ Ⅷ Ⅸ Ⅹ a b c d e f π φ τ g h k

班级　　　　姓名　　　　学号

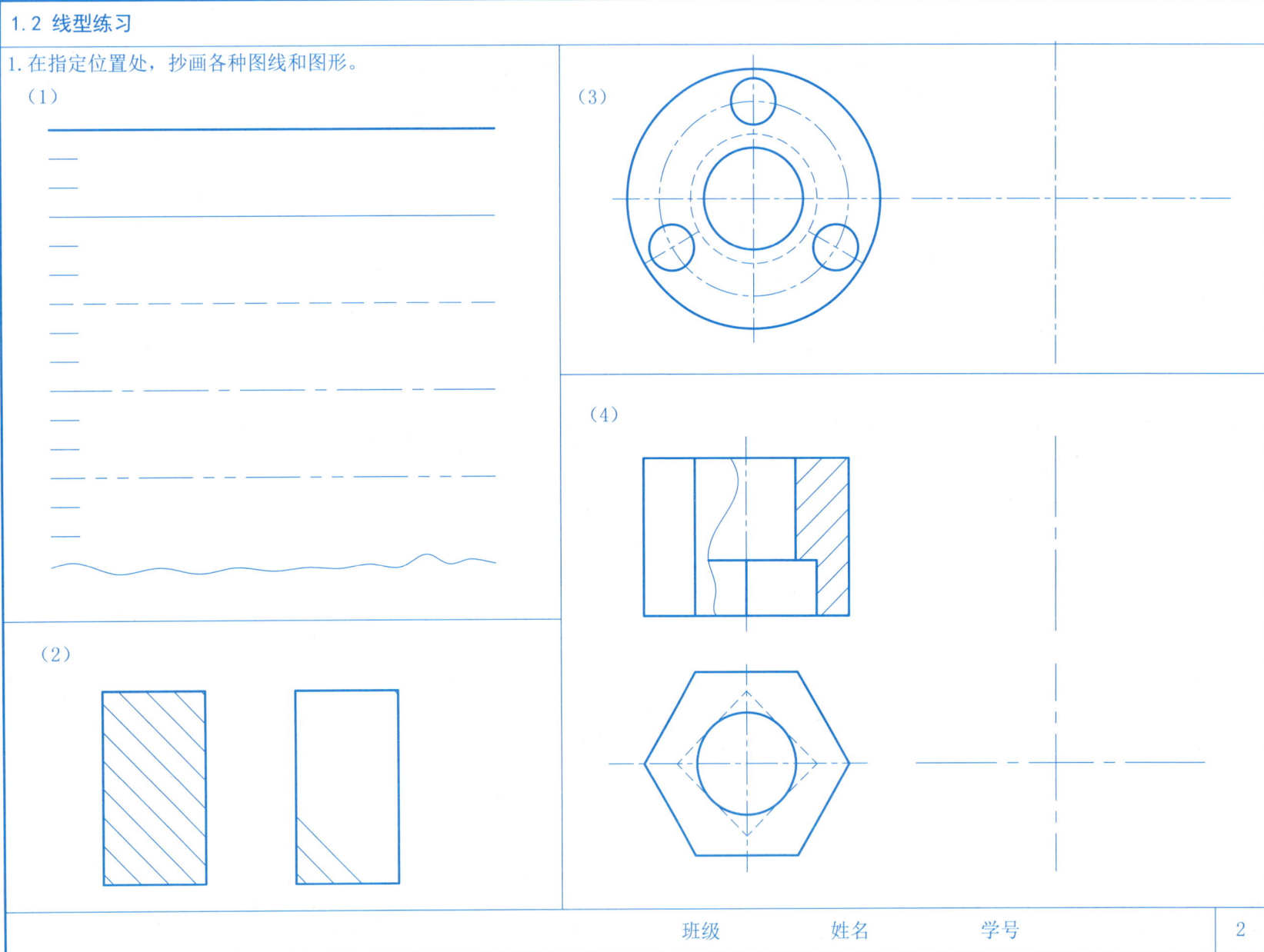

1.3 尺寸标注

1. 找出图中尺寸标注的错误,并在指定的图中正确注出。

(1) 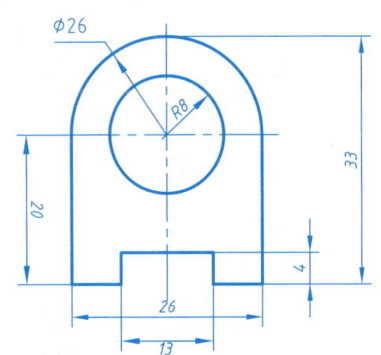 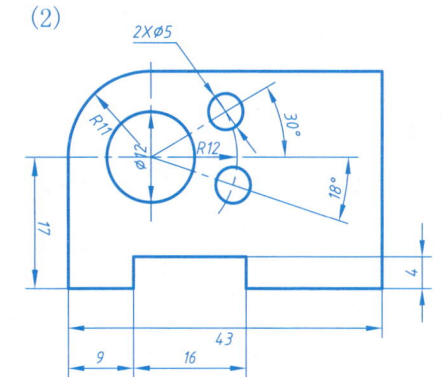 (2)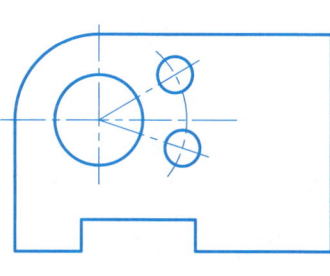

2. 按1:1的比例标注下列平面图形的尺寸(数值从图中量取整数)。

(1) 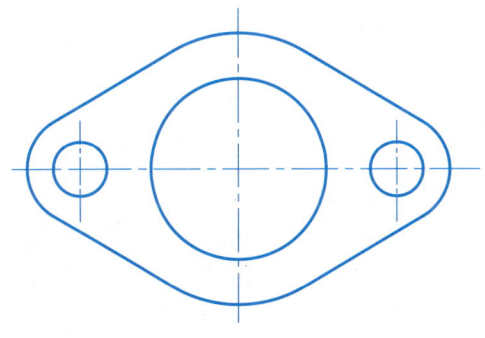 (2) 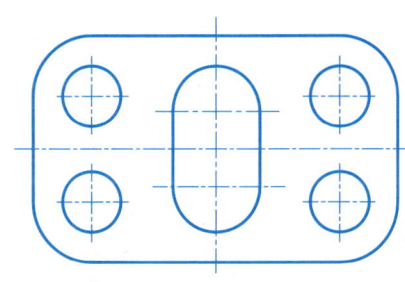 (3)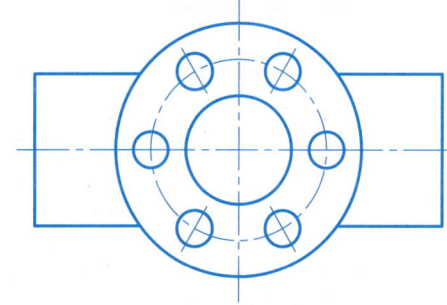

1.4 几何作图

1. 作圆的内接正多边形。

   (1) 作内接正六边形　　　(2) 作内接正五边形

2. 徒手绘制如下图形,不标注尺寸。

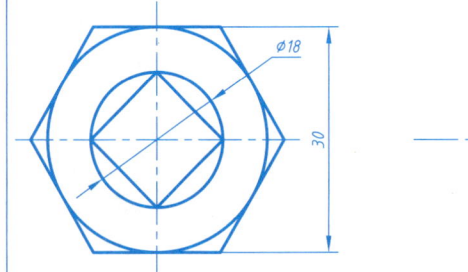

3. 参照所示图形,用1:2比例在指定位置出画出该图形(保留辅助线),并标注尺寸。

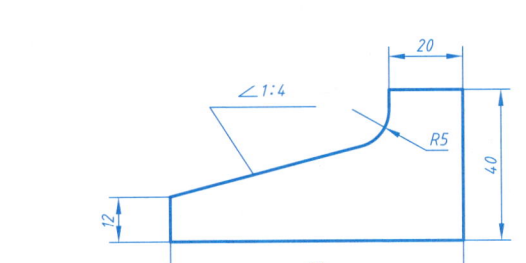

4. 参照所示图形,用1:1比例在指定位置出画出图形(保留辅助线),并标注尺寸。

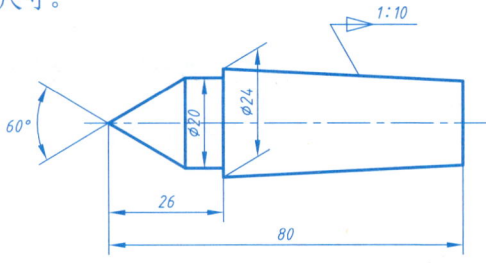

班级　　姓名　　学号

1.5 抄画平面图形并标注尺寸

　　用A3图纸采用适当的比例抄画下列平面图形。
　作业要求：
1. 遵守国家标准《机械制图》中关于图幅、图线、字体、比例、尺寸标注的规定，要求同类图线全图一致，线段连接光滑。尺寸标注正确、清晰、数字、箭头的大小一致，字体工整。
2. 根据图形上的尺寸分析画图顺序，应用圆弧连接作图，正确画出图形。

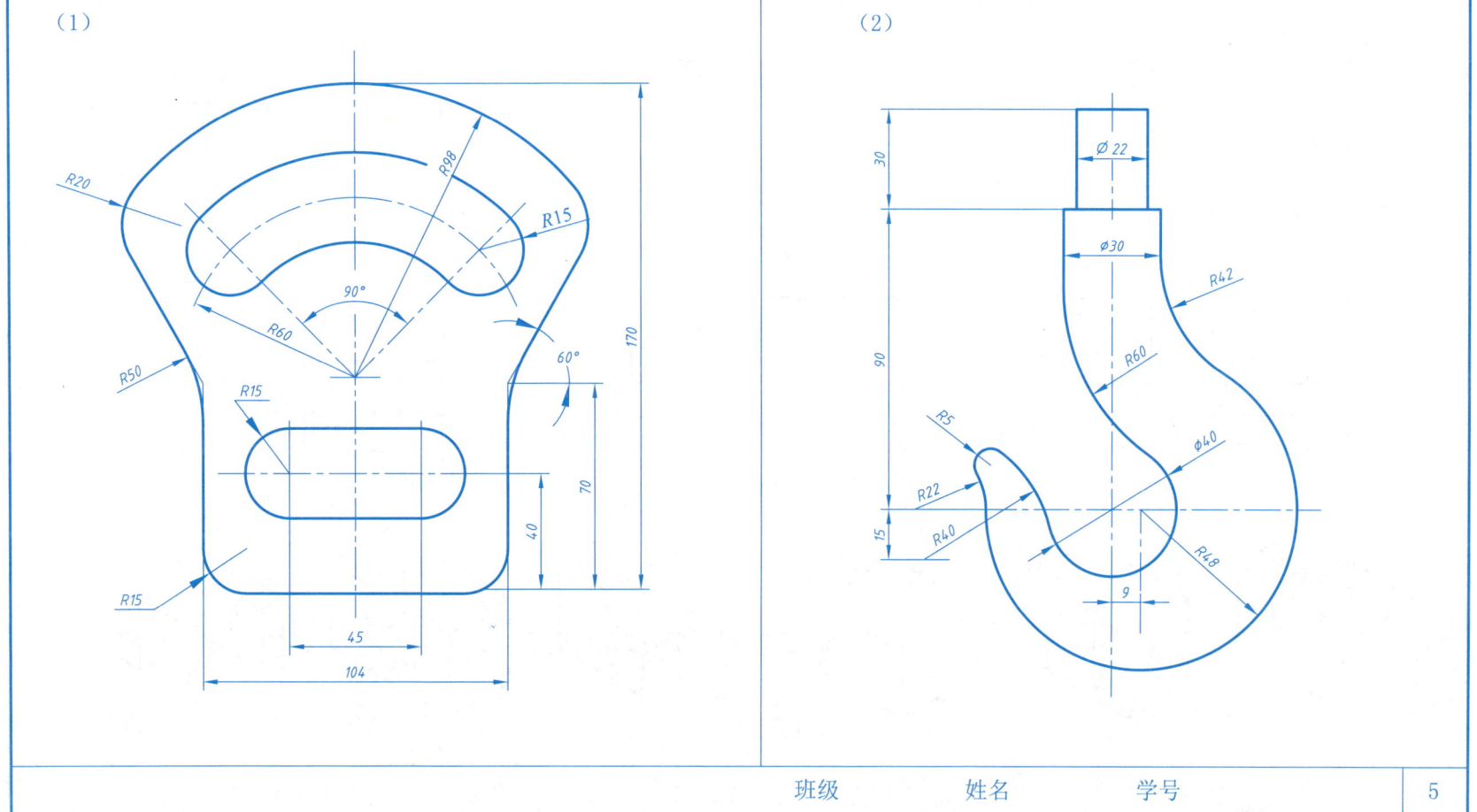

班级　　　姓名　　　学号

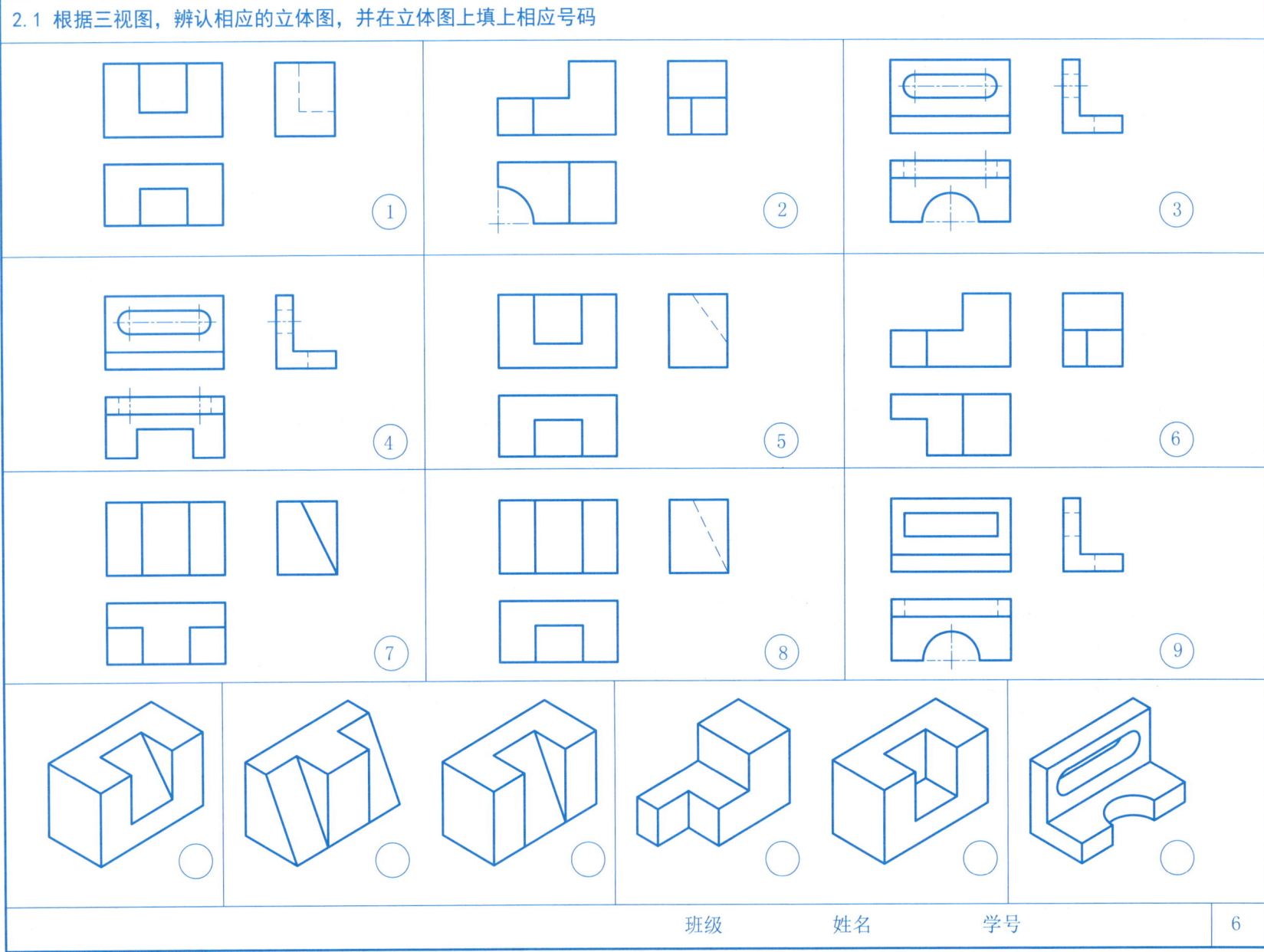

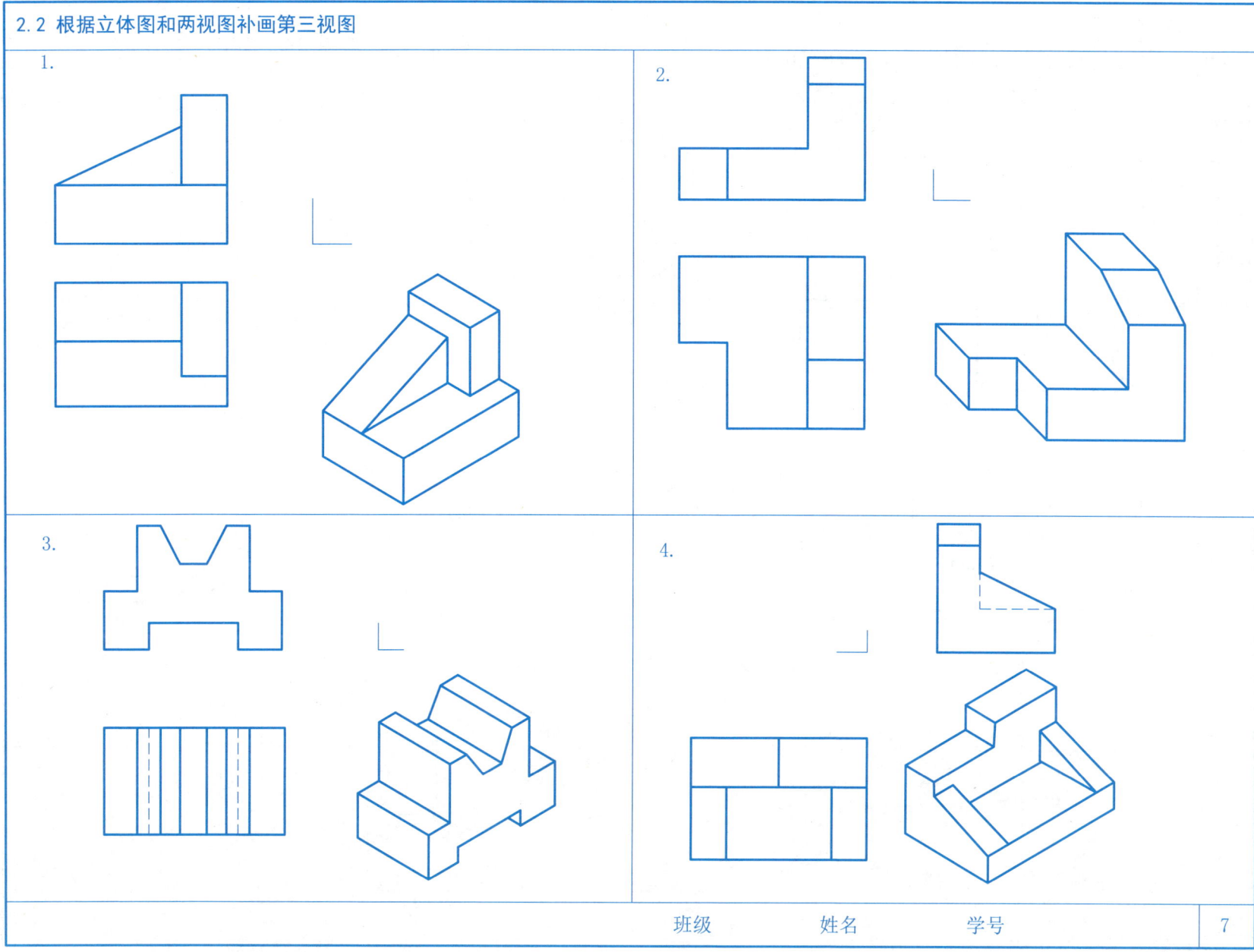

2.3 点的投影

1. 按照立体图作出 A、B 两点的三面投影（坐标值从图中量取）。

2. 已知 A、B、C 三点的两面投影，作出它们的第三面投影。

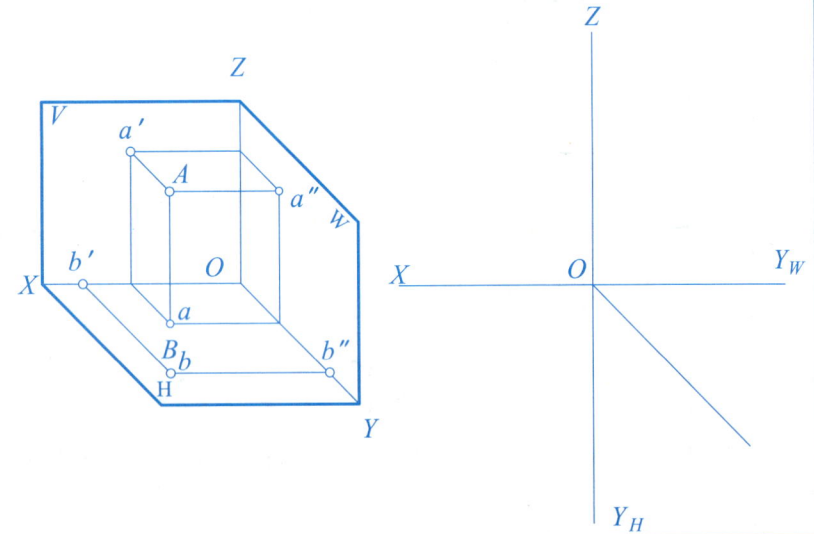

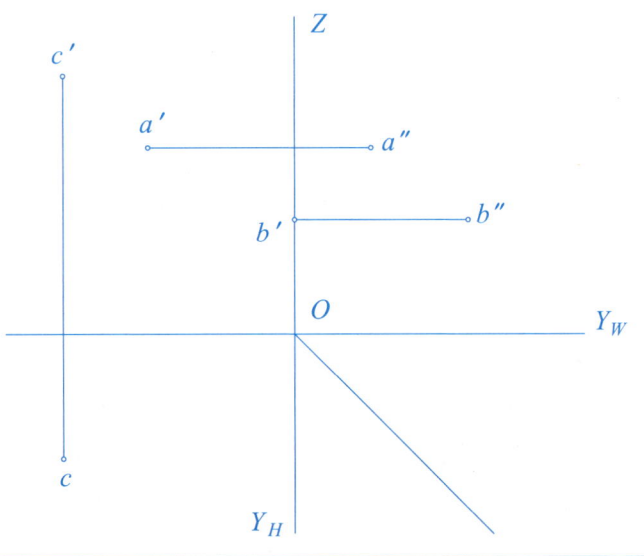

3. 根据点 A 的投影，作出 B、C 两点的投影，并判别重影点的可见性。
   （1）点 B 在点 A 之左 20 mm、之前 10 mm、之下 15 mm。
   （2）点 C 在点 A 的正右方 12 mm。

4. 判断 A、B、C 的的空间位置。

A 在 _____
B 在 _____
C 在 _____

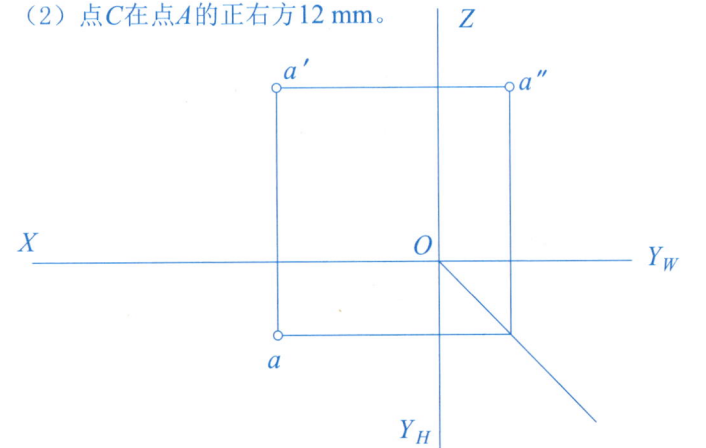

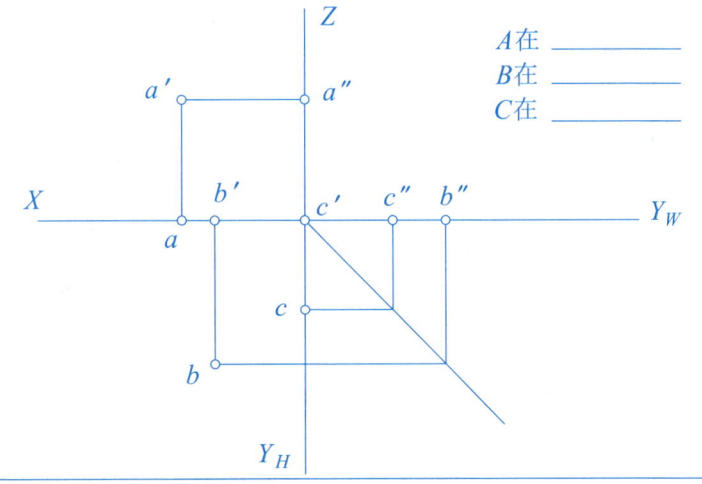

班级　　　姓名　　　学号

2.4 直线的投影

1. 已知正三棱锥的水平投影，锥顶 S 距 H 面 20 mm，锥底各点位于 H 面上，补画三棱锥的正面投影和侧面投影，并判断各直线对投影面的位置。

SA 是 _____ 线

SC 是 _____ 线

AB 是 _____ 线

BC 是 _____ 线

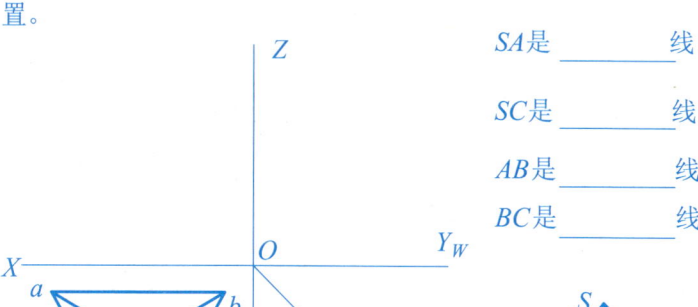

2. 判断下列各线与投影面的相对位置，将其名称填写在横线上。

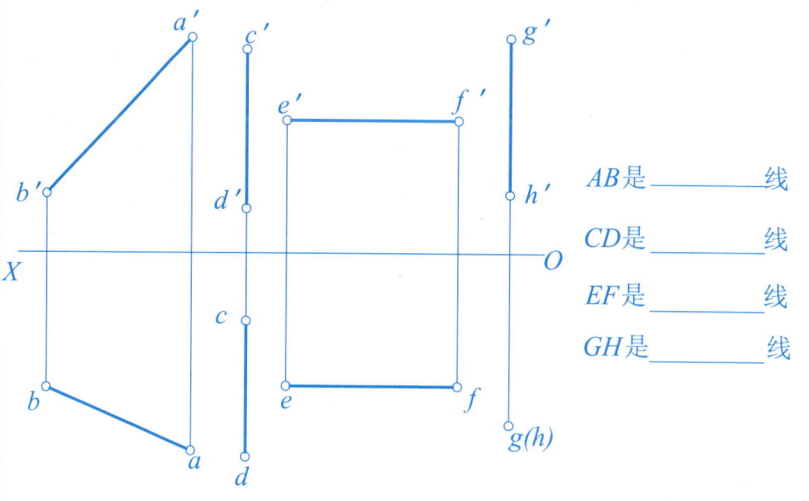

AB 是 _____ 线

CD 是 _____ 线

EF 是 _____ 线

GH 是 _____ 线

3. 已知点 K 在直线 AB，$AK:KB=3:2$，求作点 K 的两面投影。

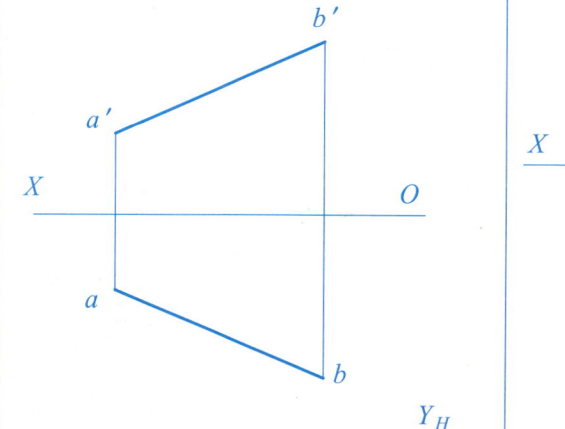

4. 判断点 K 是否在直线 AB 上，并求出直线 AB 和点 K 的侧面投影。

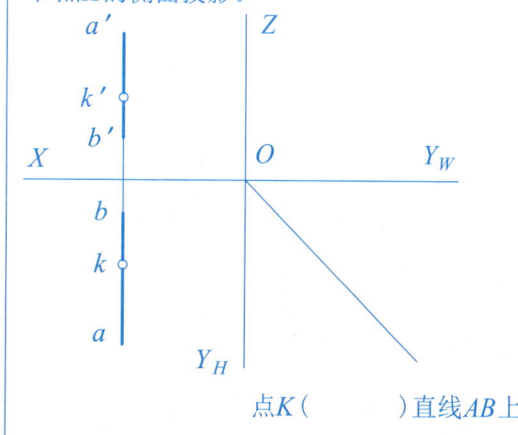

点 K（　　　）直线 AB 上

5. 已知 $AB/\!/W$ 面，实长 22，点 B 在 H 面上，求 AB 的三面投影。

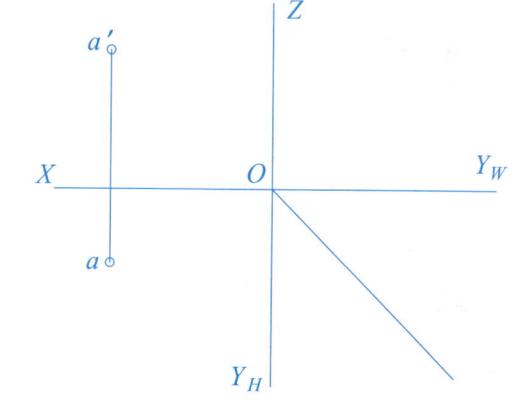

2.4 直线的投影

1. 判断两直线的相对位置（相交、平行、交叉，垂直相交、垂直交叉）。

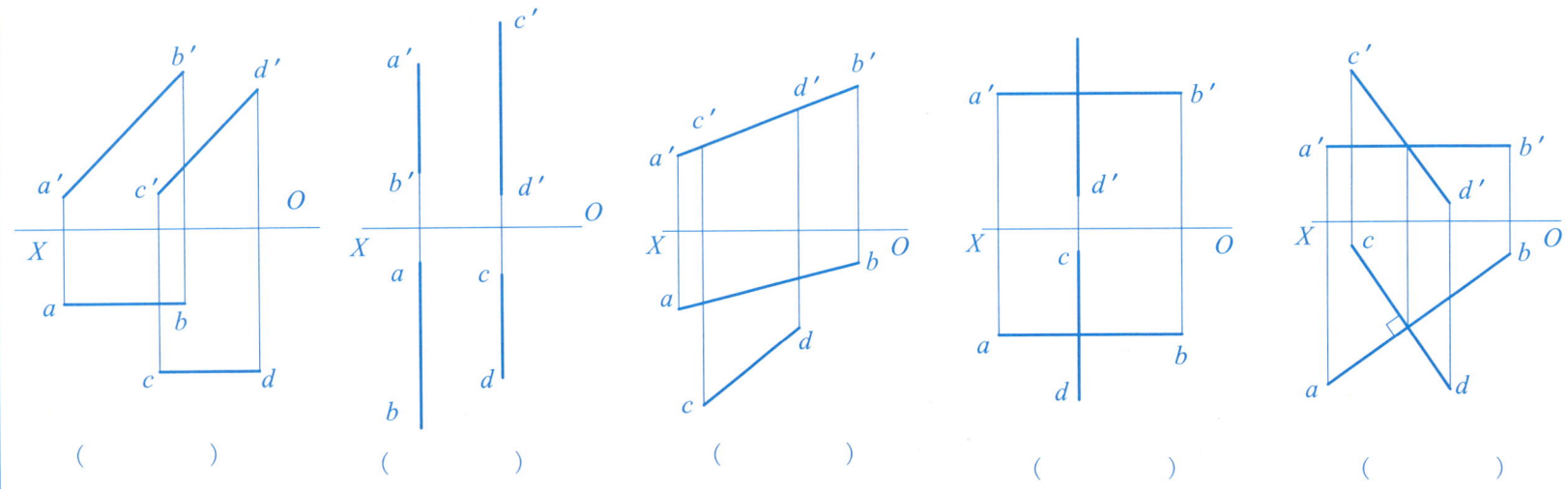

(　　)　　(　　)　　(　　)　　(　　)　　(　　)

2. 过点E（e'已知）作直线EF，使EF∥CD，并与AB相交于F，试完成EF的两面投影。

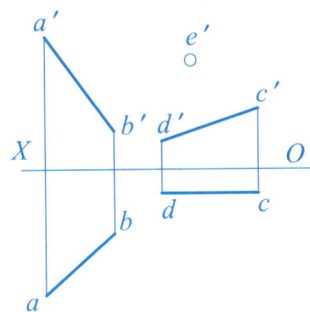

3. 作一正平线MN，使其与直线AB、CD、EF均相交。

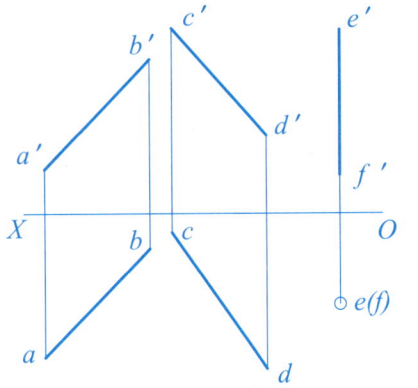

4. 已知矩形ABCD，AD∥H面,试完成其投影。

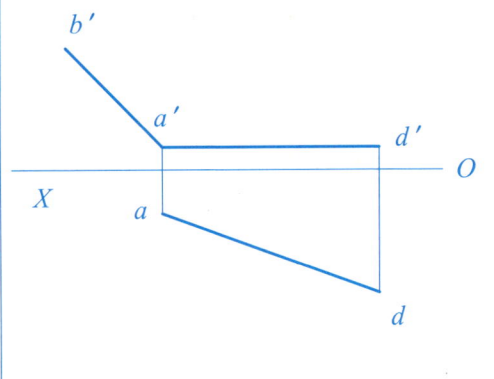

班级　　姓名　　学号　　10

2.5 平面的投影

1. 已知平面图形的两投影，求作其第三投影，判断平面对投影面的相对位置并填空。

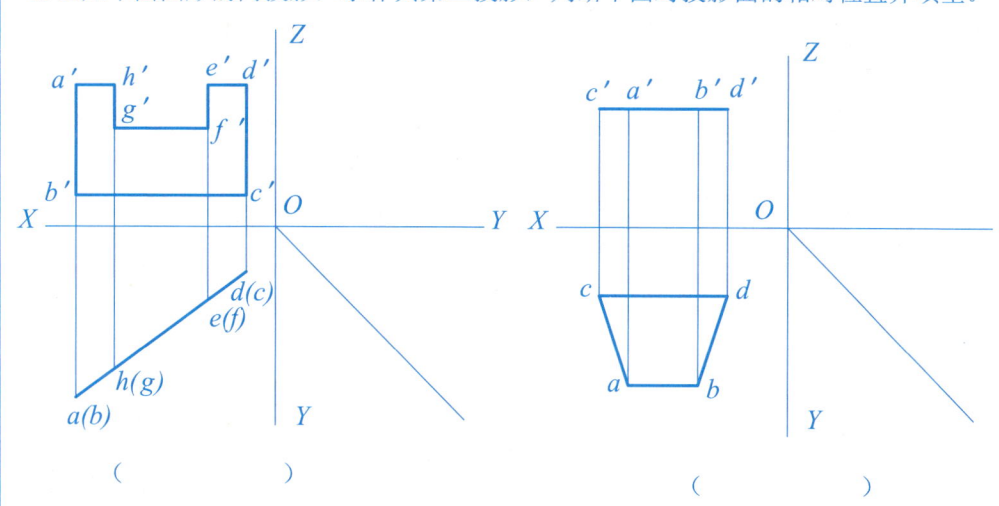

(   )   (   )   (   )

2. 在投影图上，用字符标出平面A、B、C的位置（如平面P），并填空。

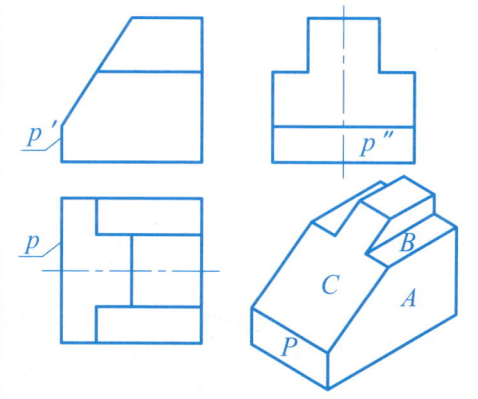

平面P是侧平面；平面A是＿＿＿面；
平面B是＿＿＿面；平面C是＿＿＿面。

3. 已知点D在平面ABC平面上，水平投影为d，求D的正面投影。同时判断点K（k，k'）在不在平面ABC上。

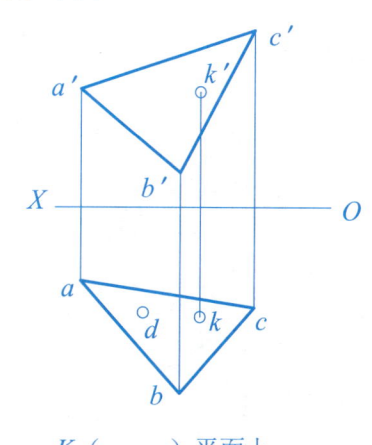

K（   ）平面上

4. 完成平面四边形的水平投影。

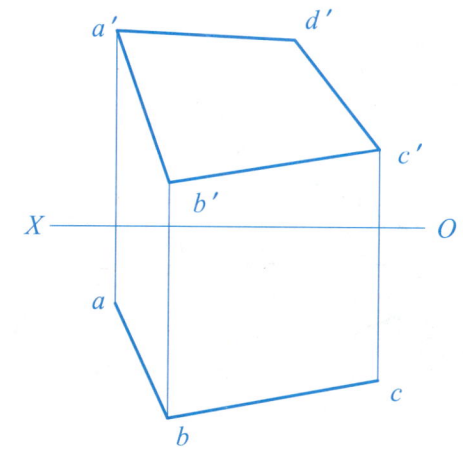

2.6 直线与平面、平面与平面的位置关系

1. 判断直线与平面、平面与平面是否平行。

(1) 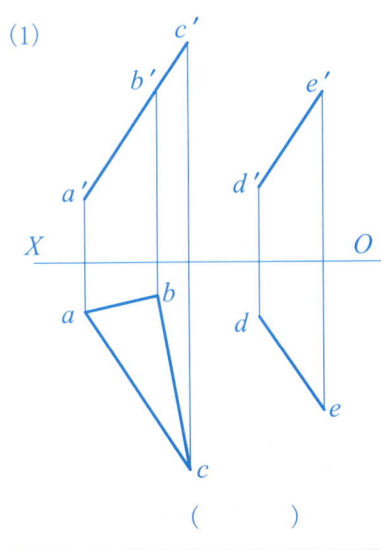 (　　)

(2) 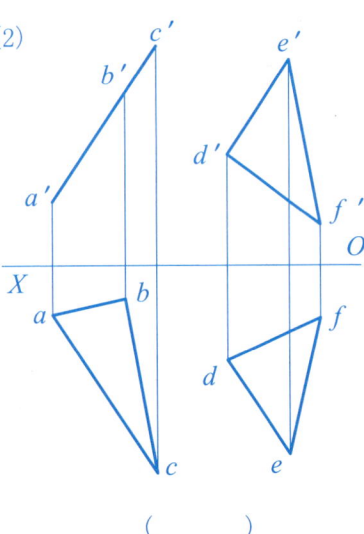 (　　)

2. 已知 DE ∥ △ABC，求作 d'e'。

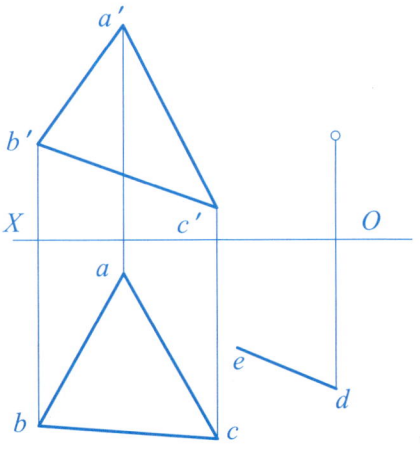

3. 求直线与平面的交点，并判断直线的可见性。

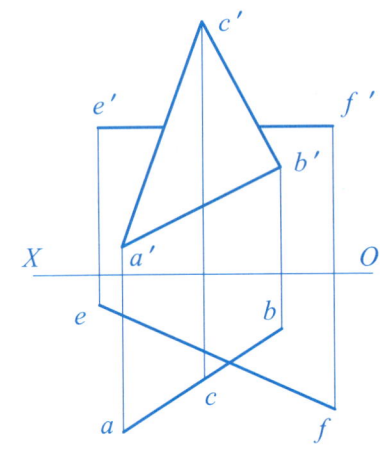

4. 求正垂线 EF 与 △ABC 的交点，并判断直线的可见性。

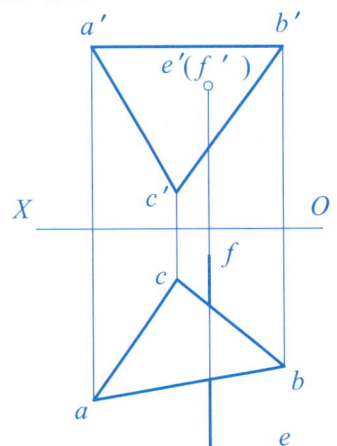

5. 过点 A 作直线垂直于 △CDE，并标出垂足 B。

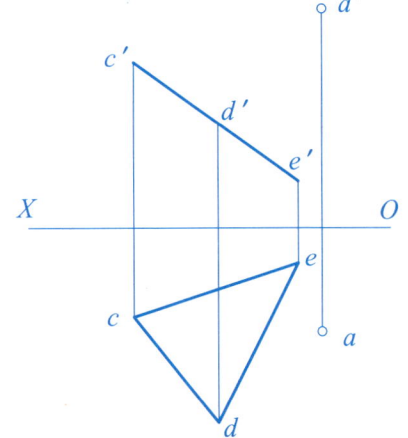

3 基本体及其表面交线的投影

3.1 平面立体及其表面上点或线的投影

1. 作四棱柱的侧面投影并补全其表面上点的其余两投影。

2. 作三棱锥的侧面投影并补全其表面上点的其余两投影。

3. 作棱柱体的水平投影并补全其表面上线的其余两投影。

4. 作棱柱体的水平投影。

5. 将图示棱柱体的底面拉伸,拉伸长度26,完成该棱柱体的其余两投影。

6. 将图示棱柱体的底面拉伸,拉伸长度28,完成该棱柱体的其余两投影。

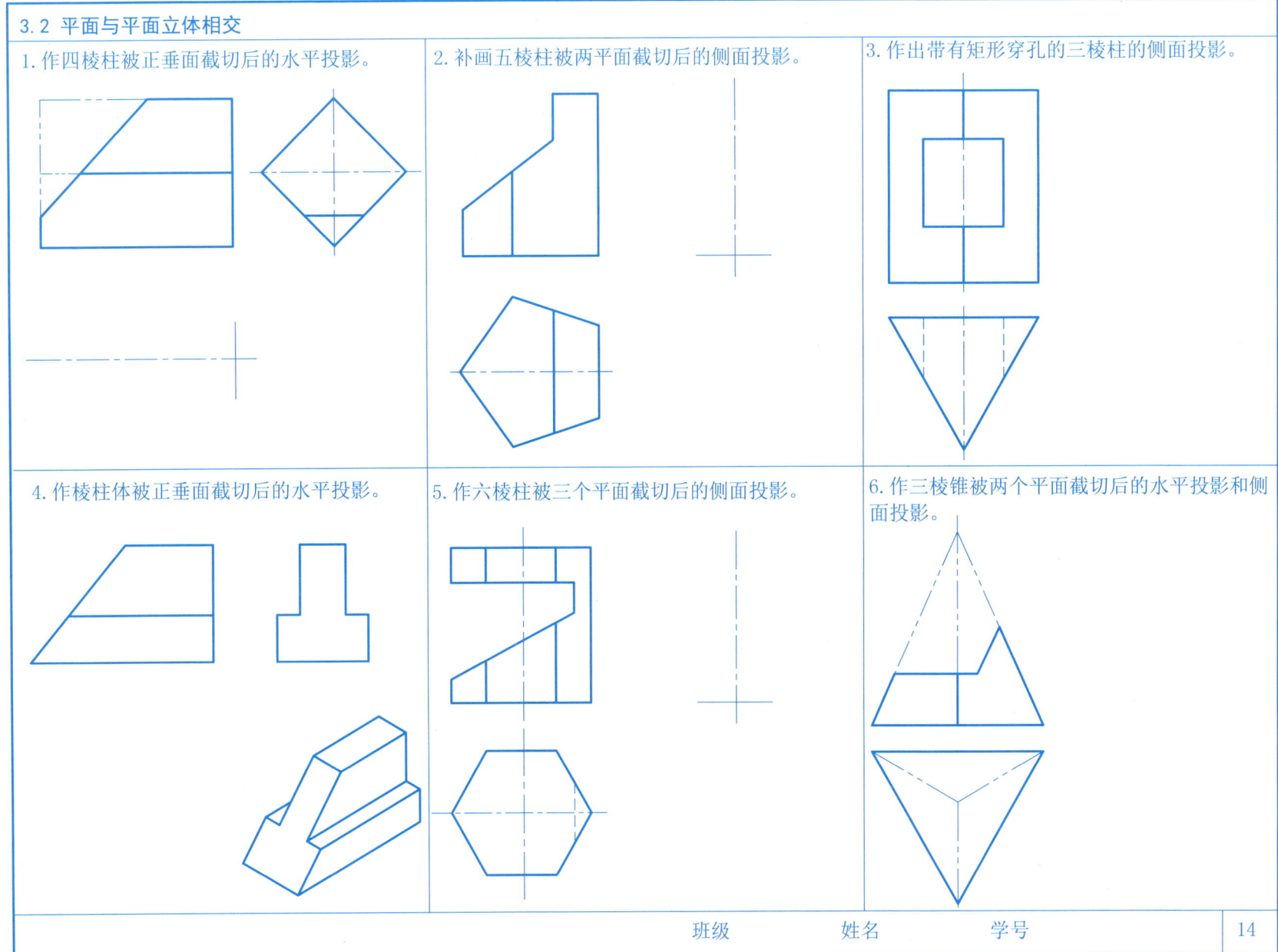

3.3 曲面立体及其表面上点、线的投影

1. 作圆柱的水平投影及其表面上各点的其余投影。

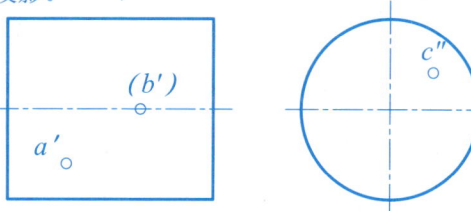

2. 作圆锥的侧面投影及其表面上各点的其余投影。

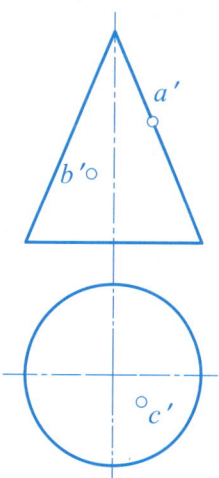

3. 作球的水平投影及其表面上各点的其余投影。

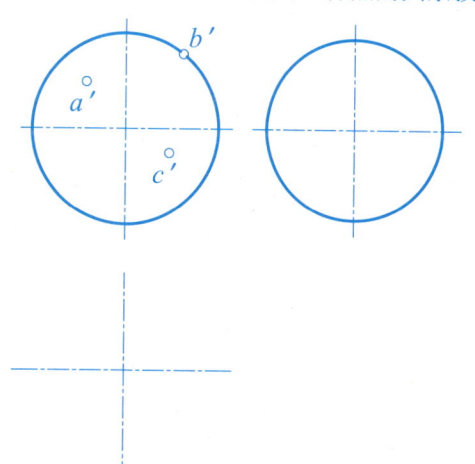

4. 作出圆柱表面上已知线段的两投影。

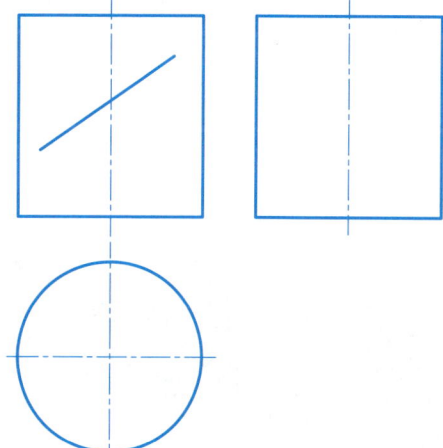

5. 作出圆锥表面上已知线段的两投影。

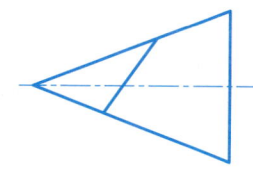

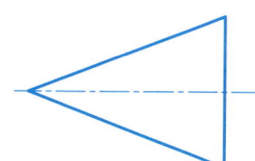

6. 已知回转体的两投影，求第三投影。

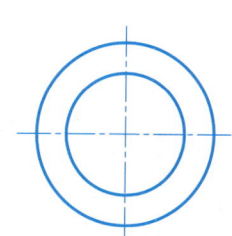

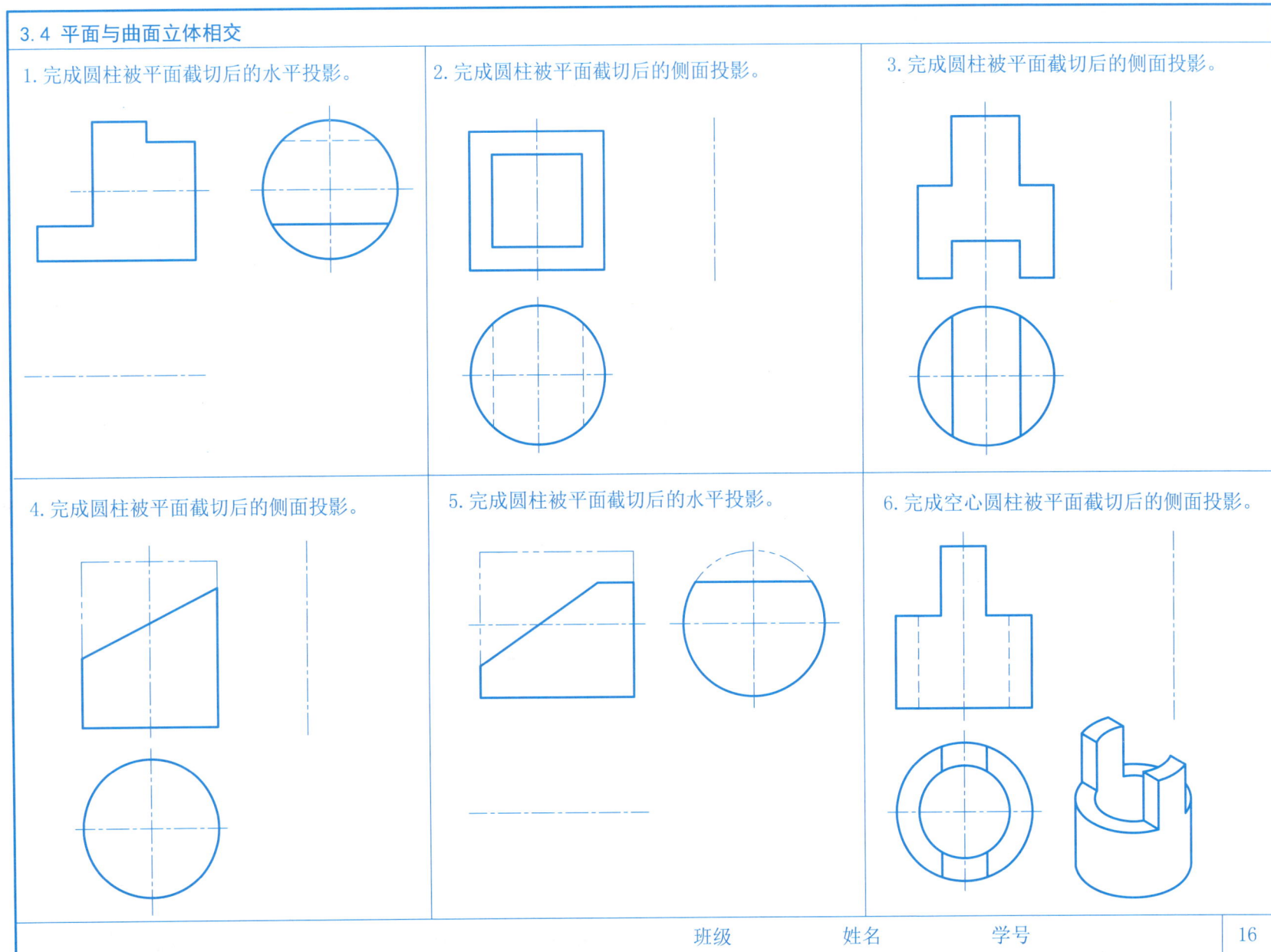

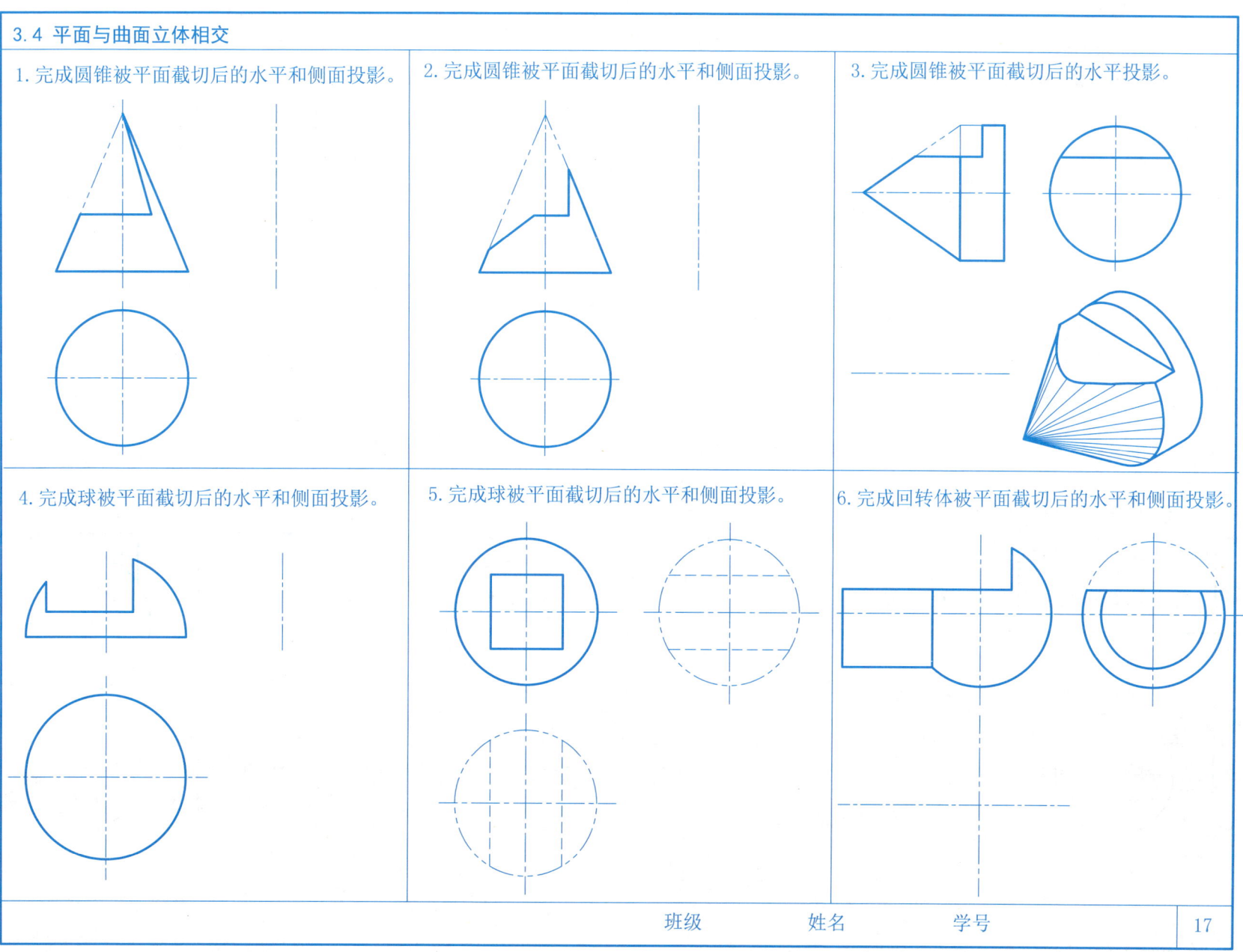

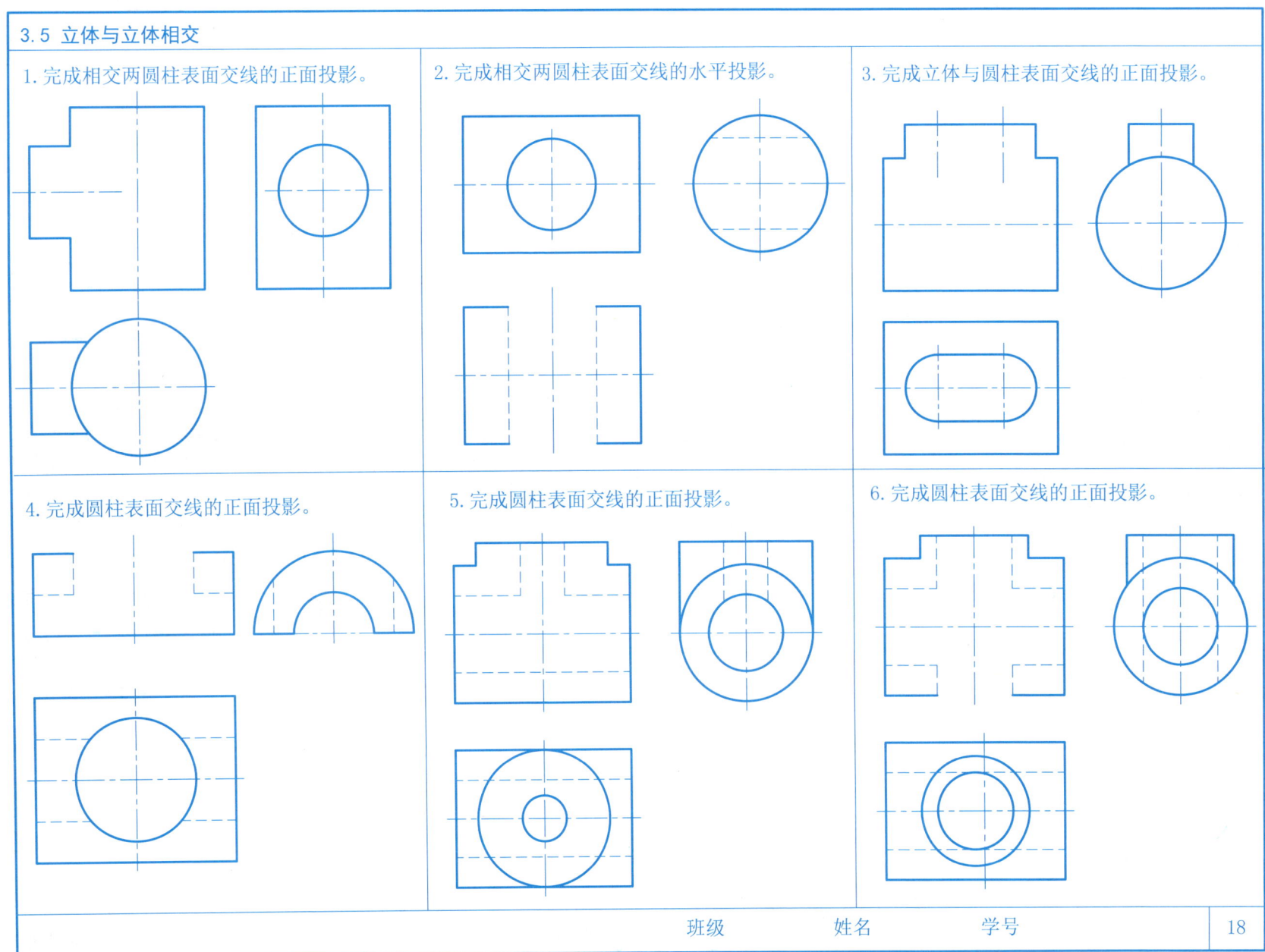

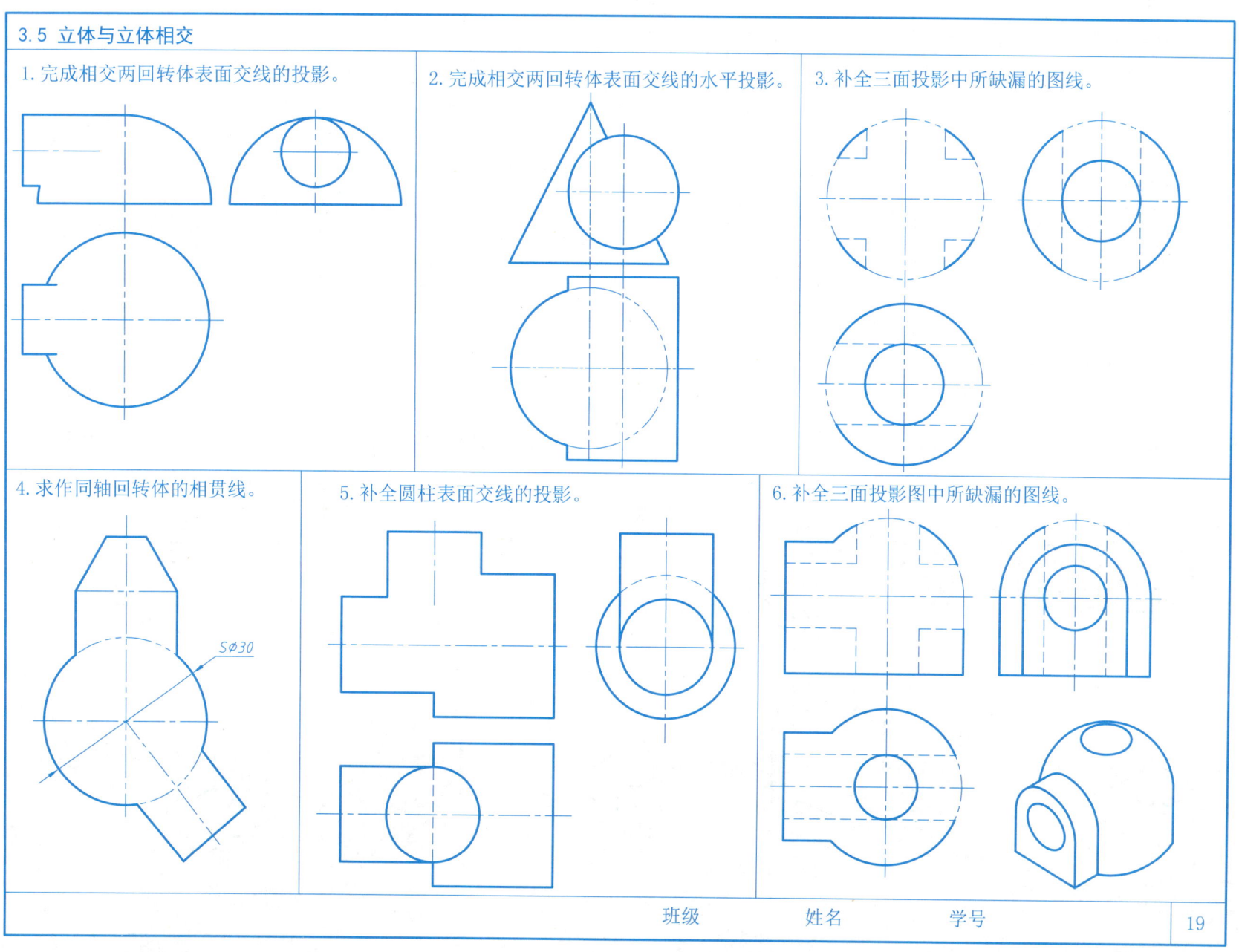

4 组合体

4.1 根据立体图，补全视图中所缺漏的图线

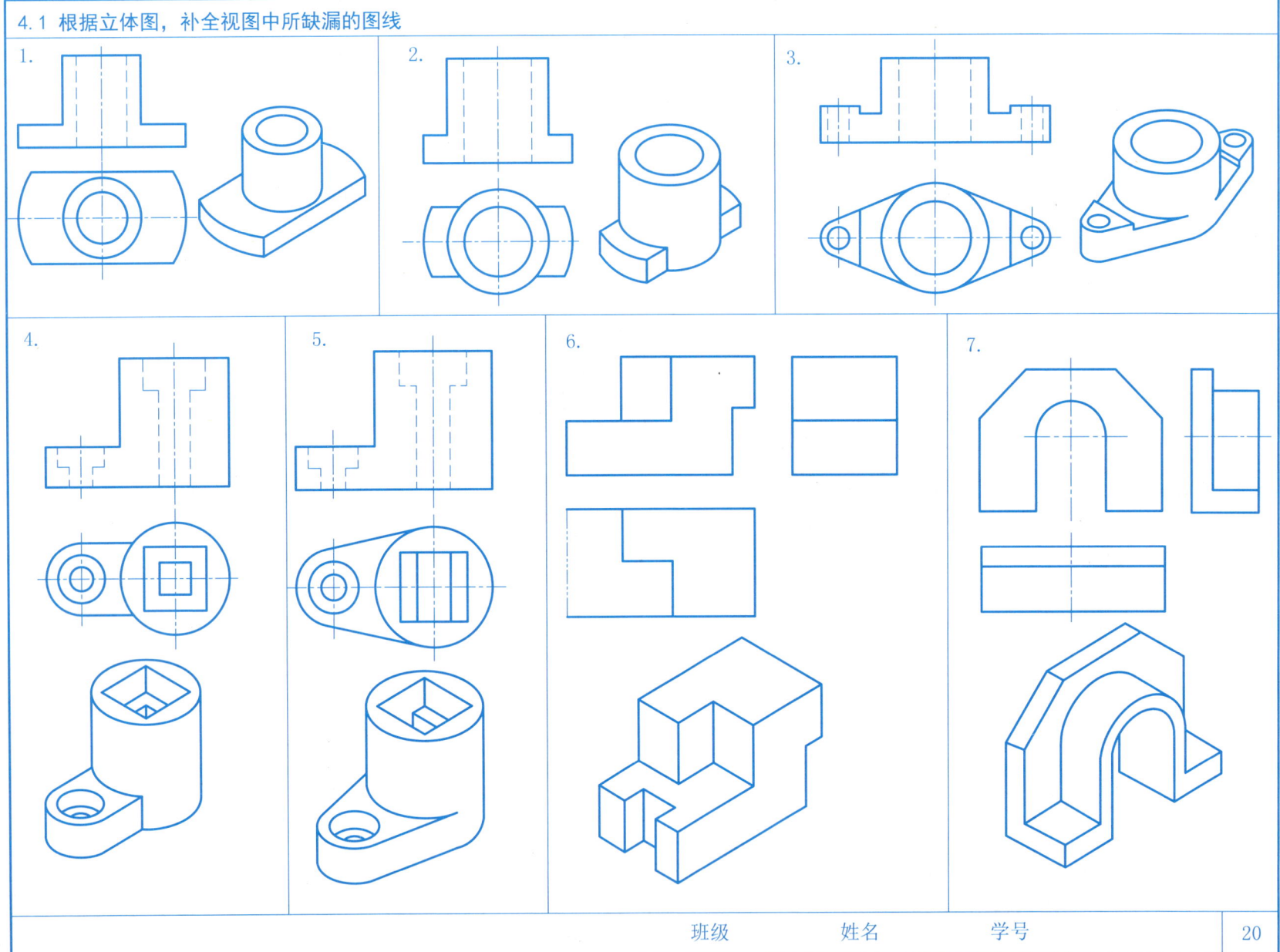

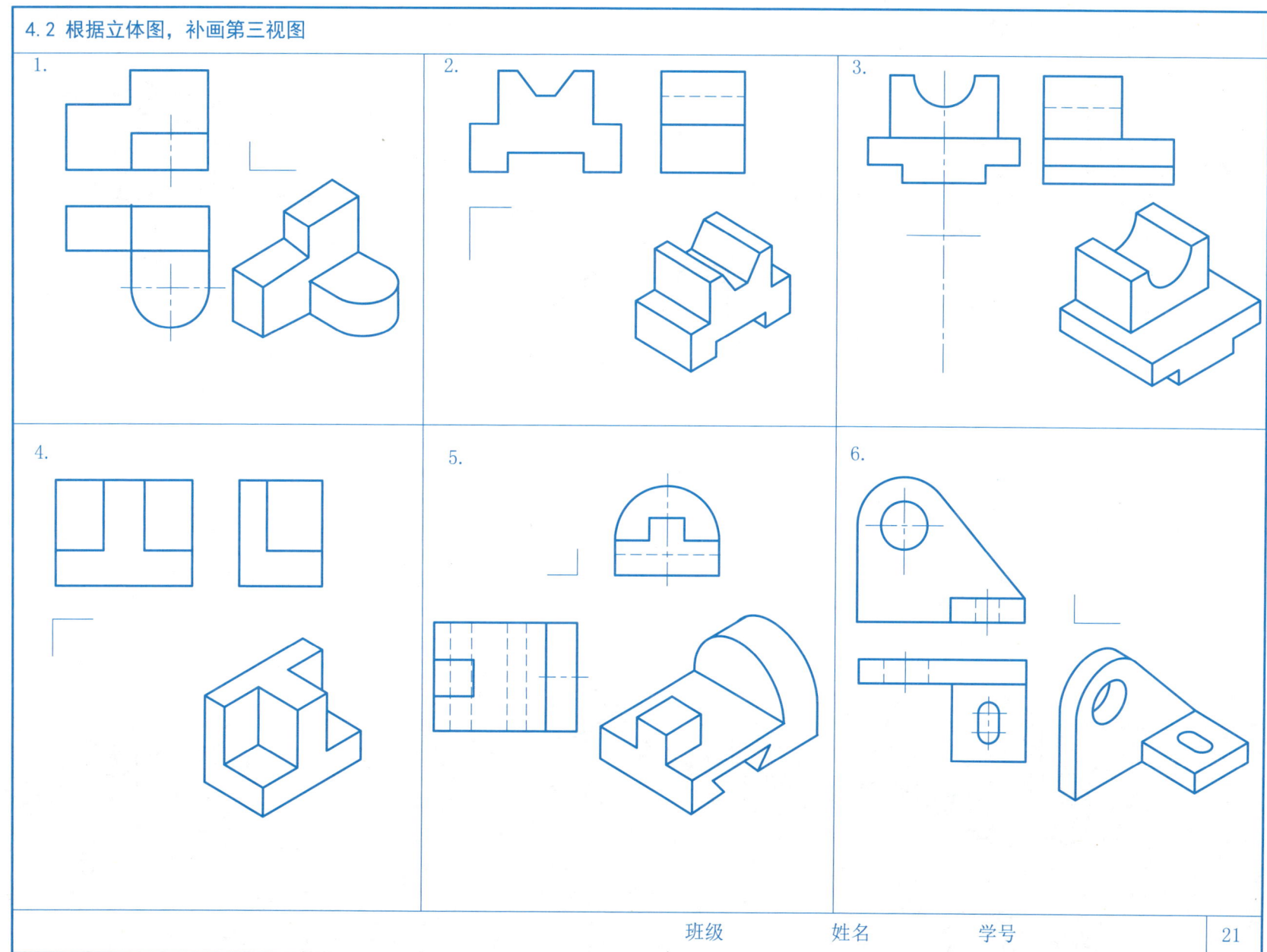

4.2 根据立体图，补画第三视图

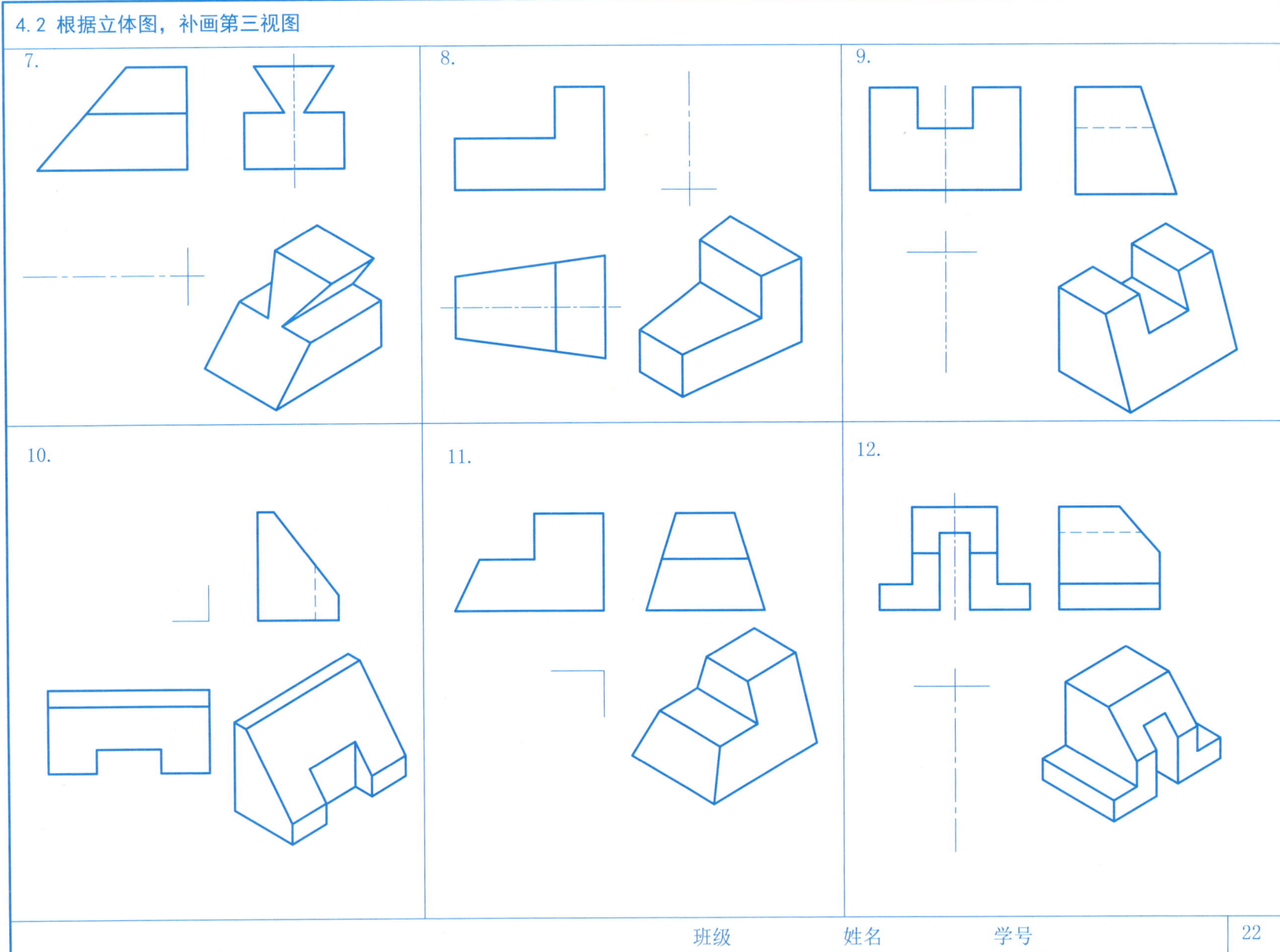

4.3 根据轴测图上所注尺寸，1∶1画出组合体的三视图

1.

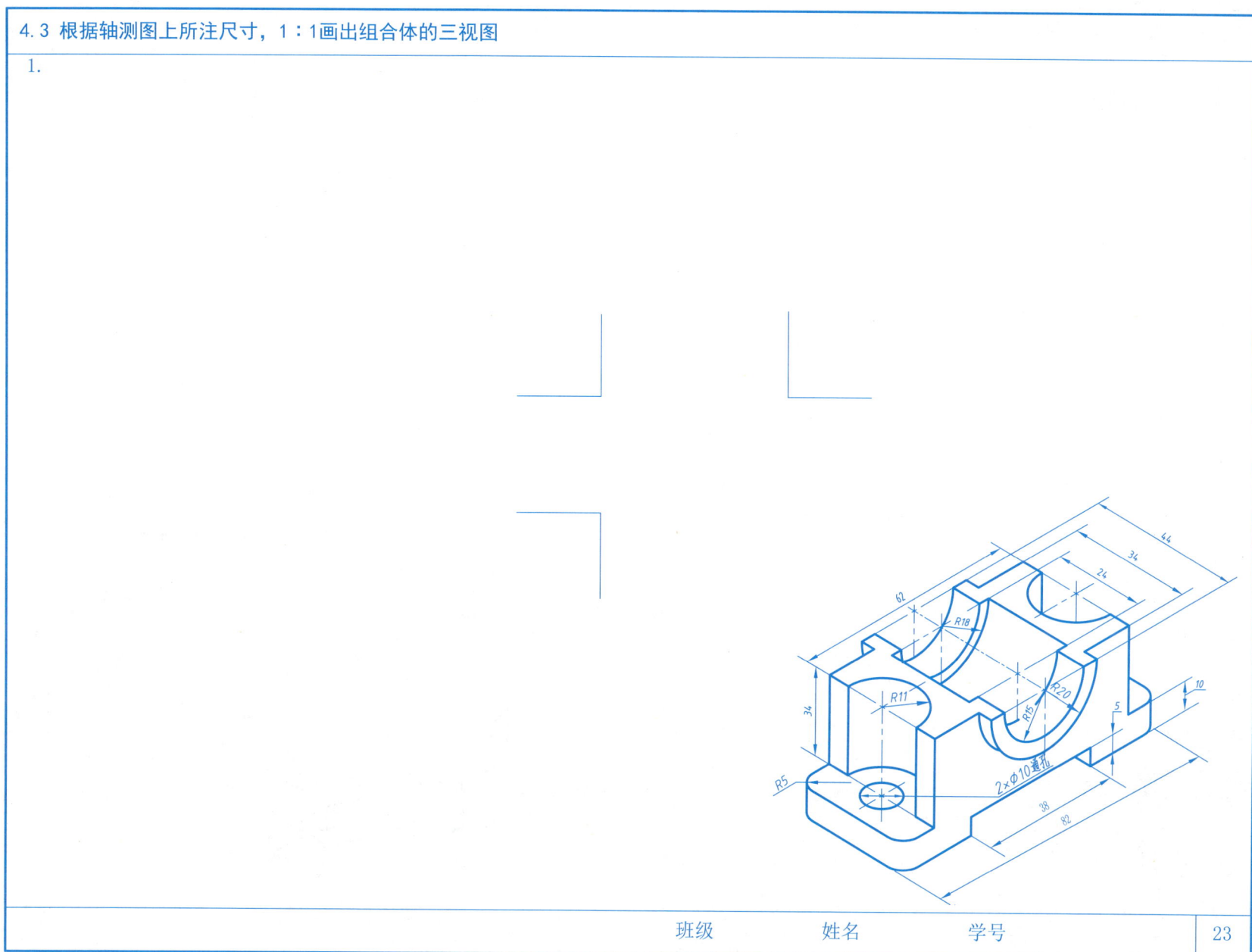

班级　　　姓名　　　学号

4.3 根据轴测图上所注尺寸，1：1画出组合体的三视图

2.

4.4 根据轴测图，在图纸上绘制组合体的三视图，并标注尺寸

作业提示：

1. 图名、图幅、比例
   (1) 图名：组合体三视图。
   (2) 图幅：A3图纸。
   (3) 比例：根据图纸大小选择合适的比例。
2. 应严格按照仪器绘图的要求进行作图。
3. 作图步骤
   (1)对所绘组合体进行形体分析，选择主视图，按轴测图所注尺寸布置三个视图位置（注意视图之间预留标注尺寸的位置），使各视图之间间隔均匀，画出各视图的中心轴线和底面位置线。
   (2)逐步画出组合体各部分的三视图（注意表面相切或相交时的画法）。
   (3)标注尺寸时应注意不要照搬轴测图上的尺寸注法，应重新考虑视图上尺寸的配置。以尺寸完整，清晰，符合标准，配置适当为原则。
   (4)完成底稿，
   (5)仔细检查后加粗可见轮廓线。
   (6)图面质量与标题栏填写的要求，见第1章国家标准。

1.

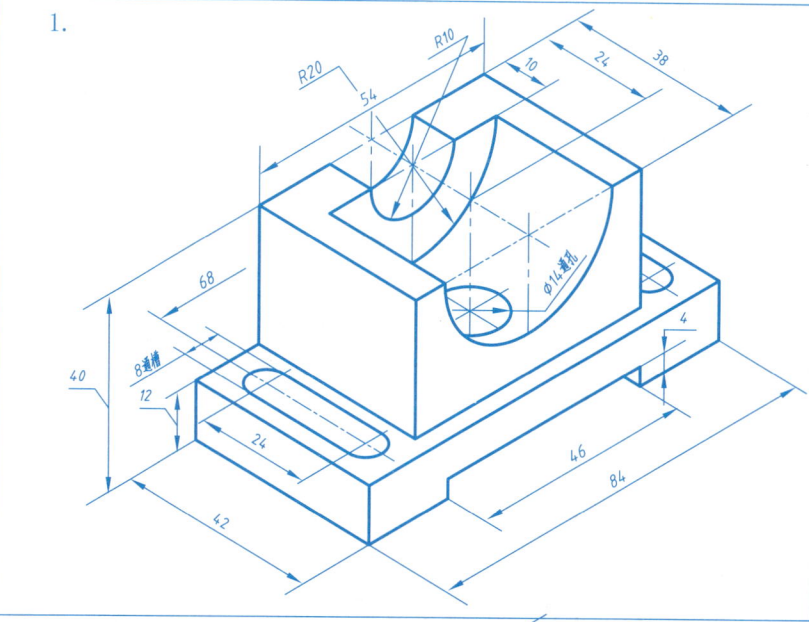

2.

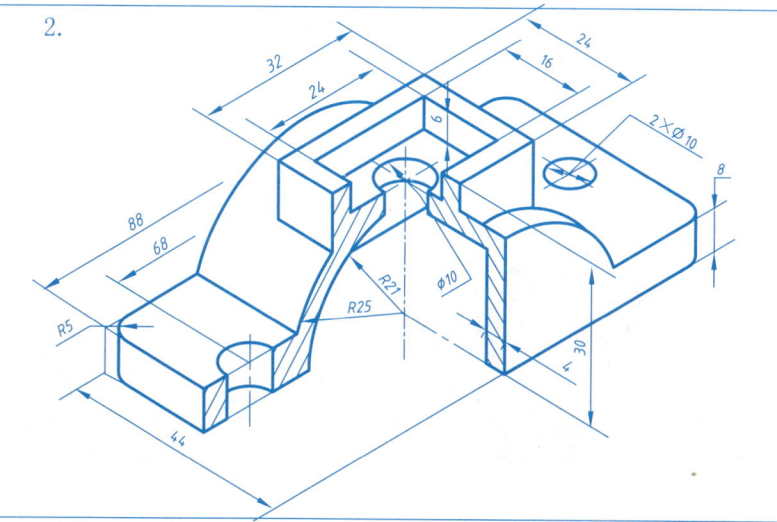

4.5 已知组合体的两视图，补画第三视图

1.
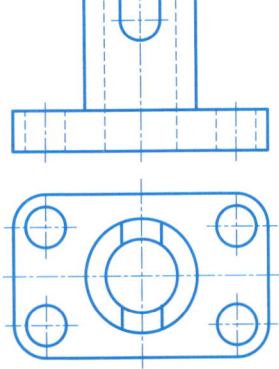

2.
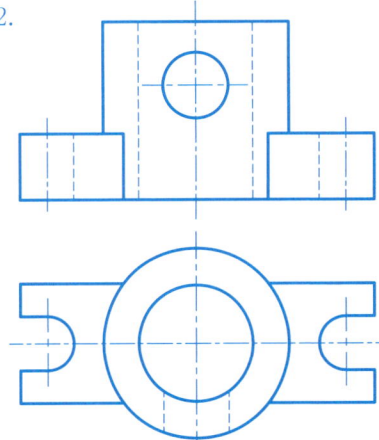

3.
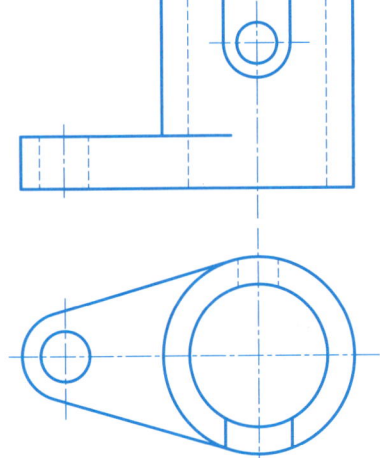

4.
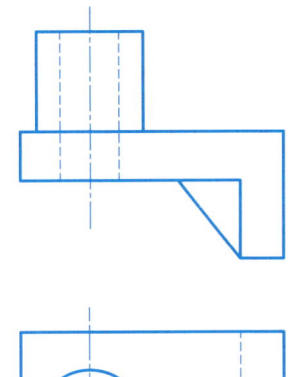
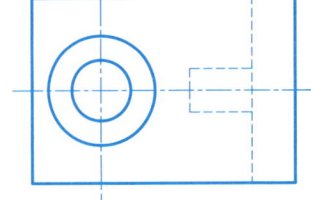

班级　　姓名　　学号

26

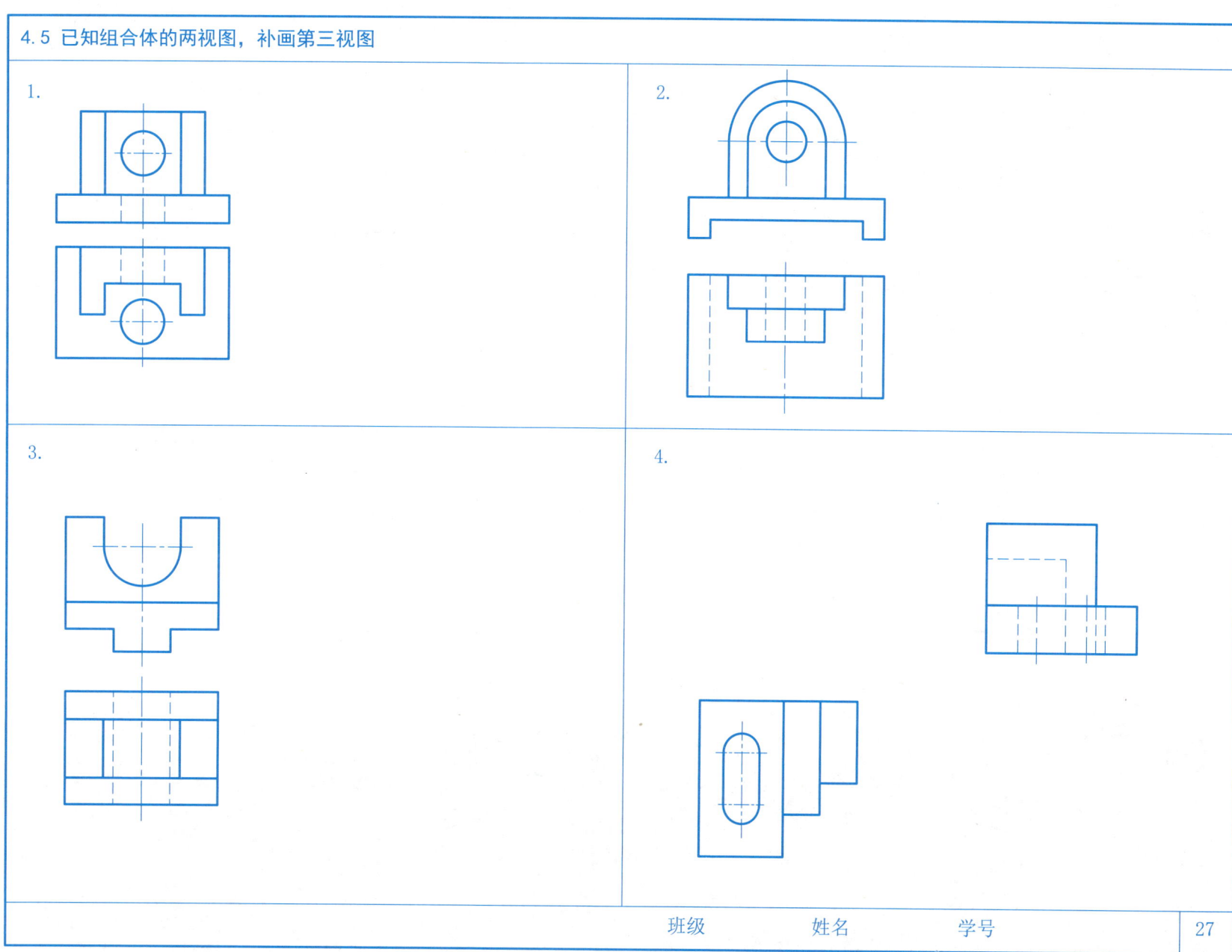

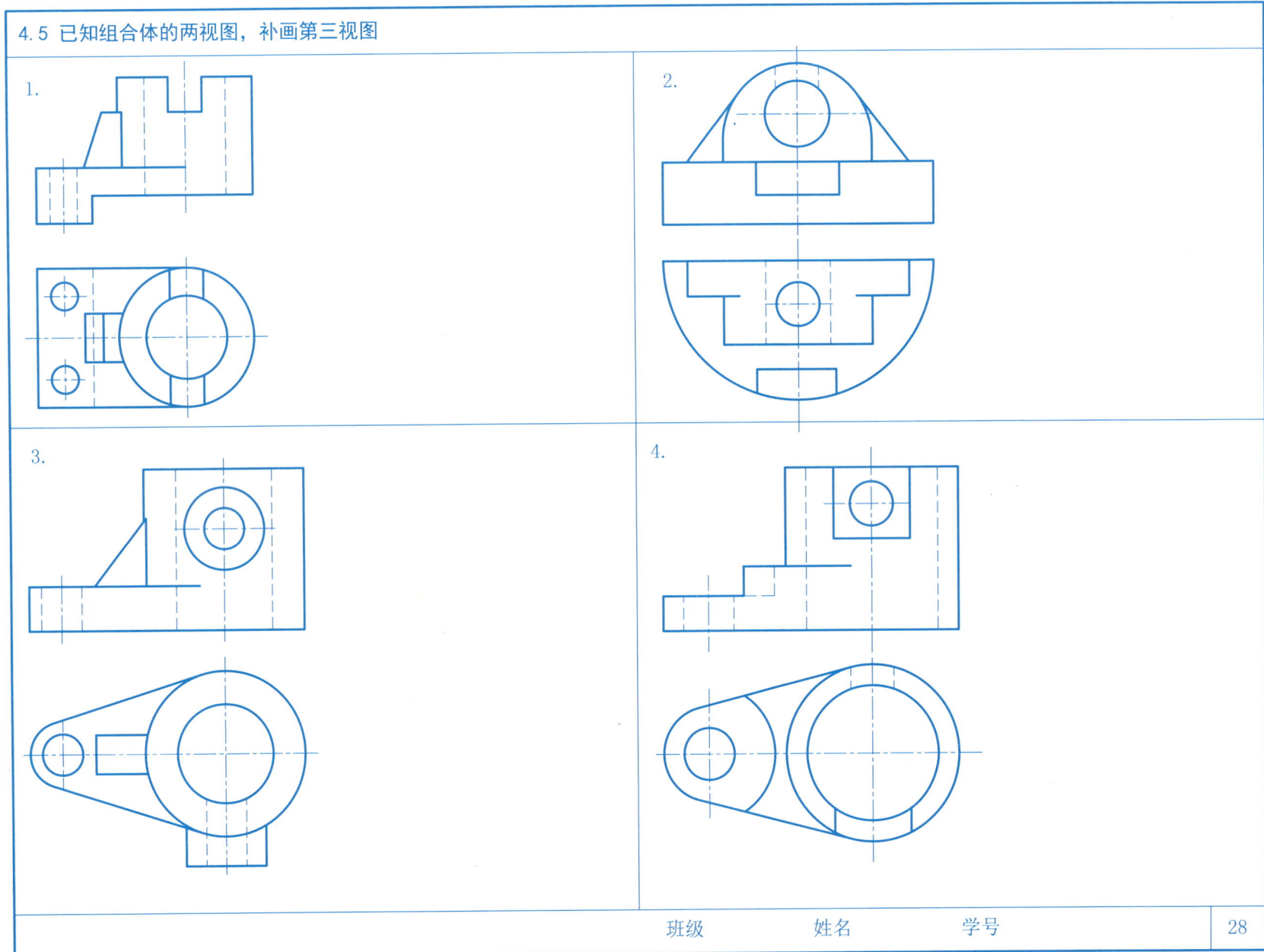

4.6 应用线面分析法，补画组合体的第三视图

1.

2.

3.

4.

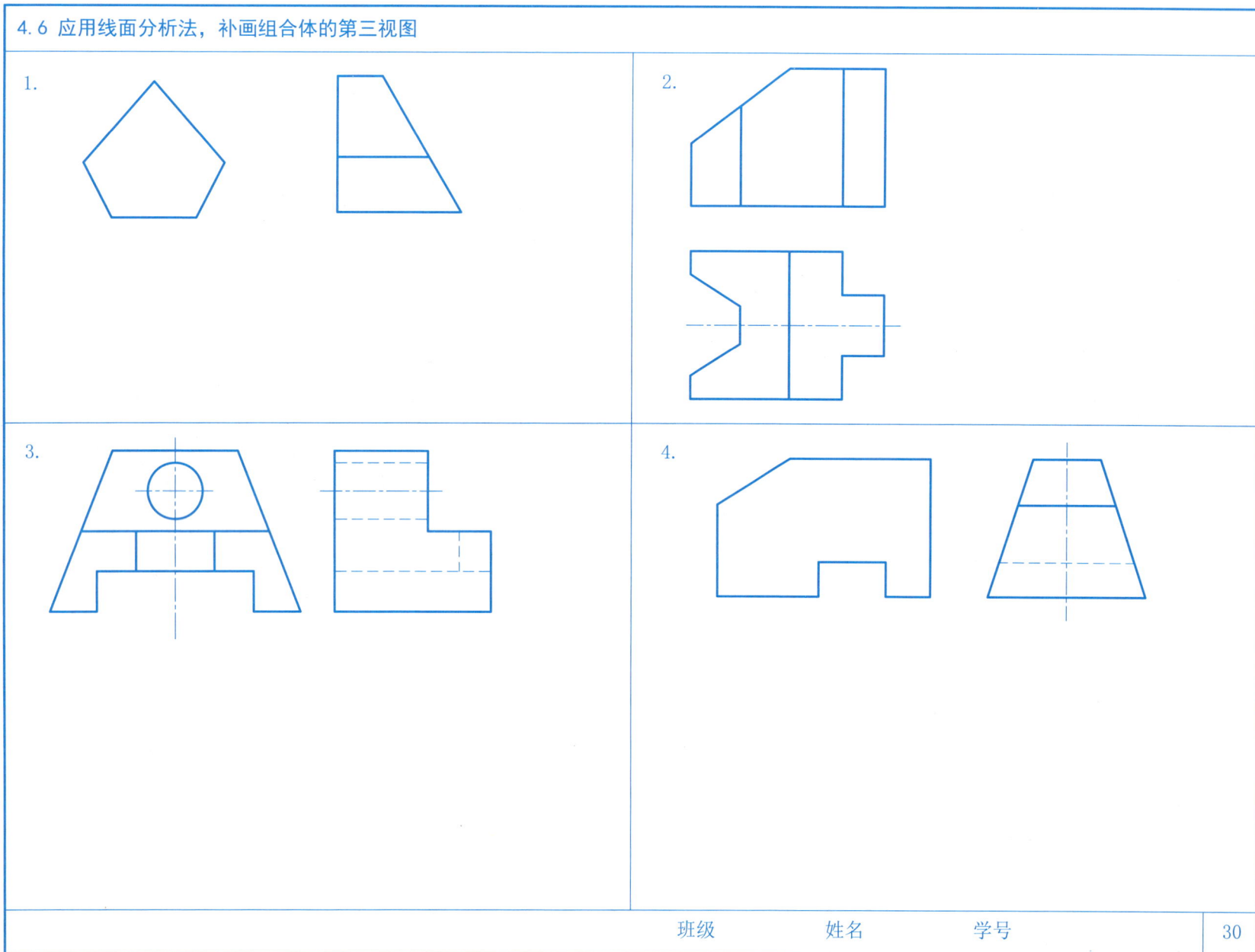

4.6 应用线面分析法，补画组合体的第三视图

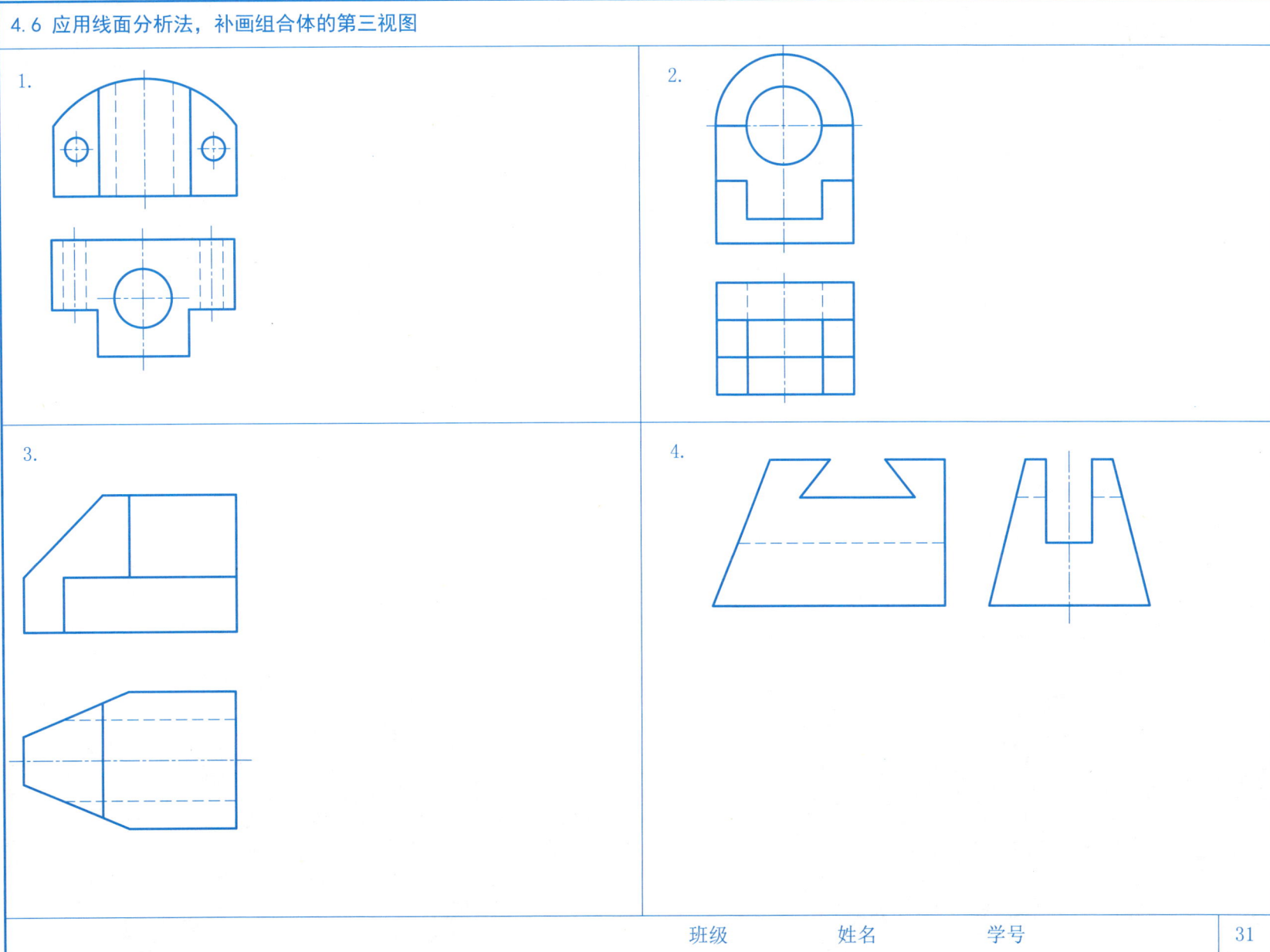

| 班级 | 姓名 | 学号 | 31 |

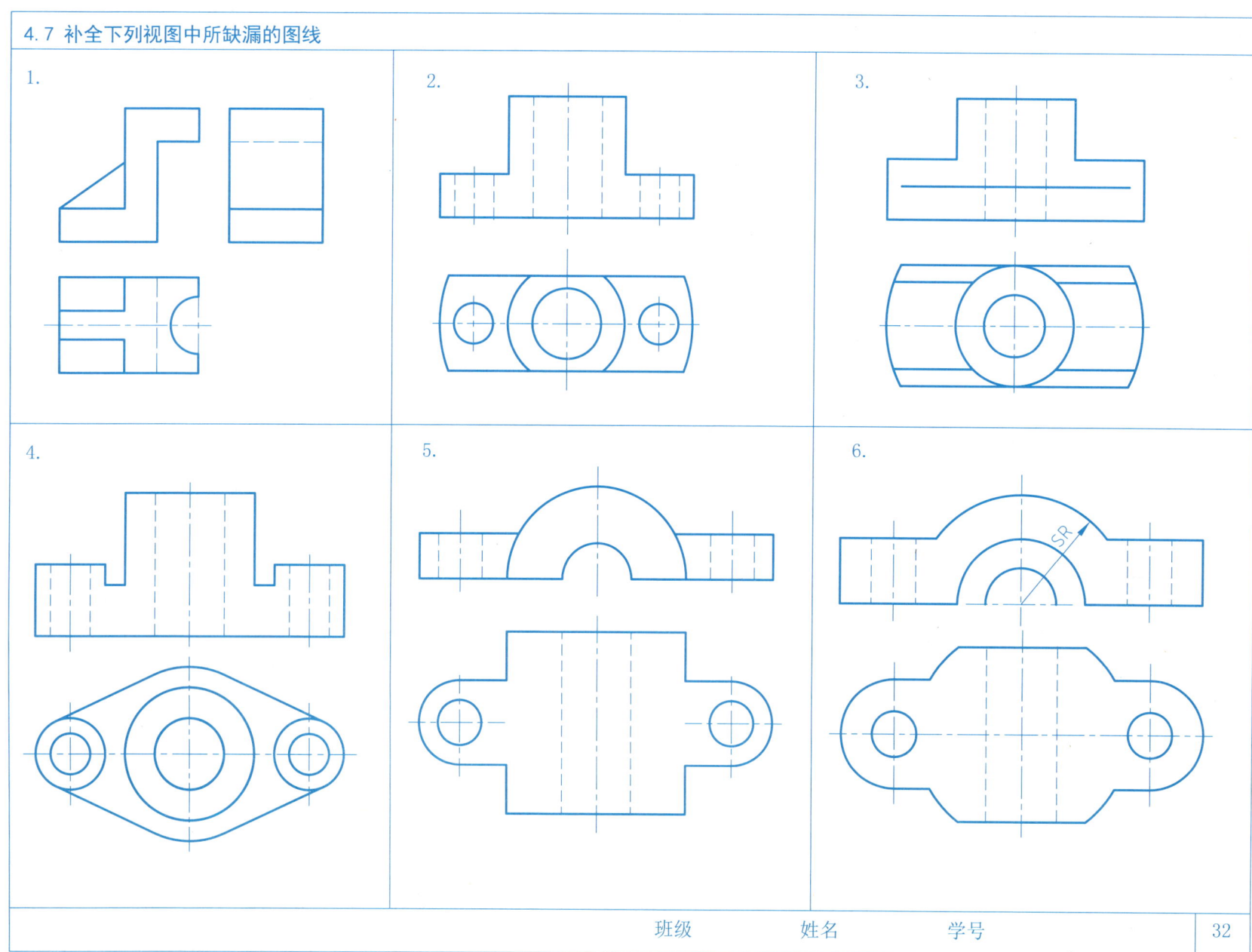

4.8 选择正确的组合体视图

1. 根据主、俯两视图，选择正确的左视图。

2. 根据主、俯两视图，选择正确的左视图。

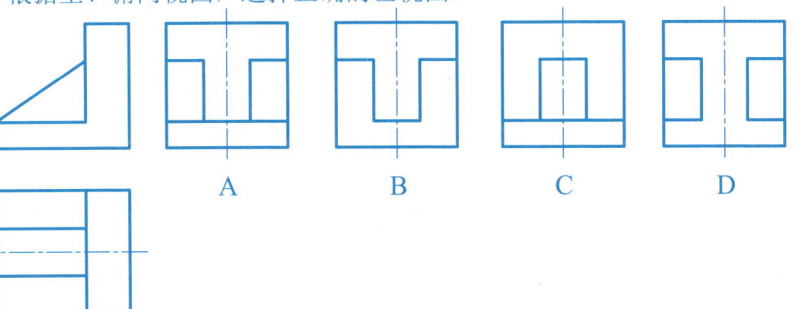
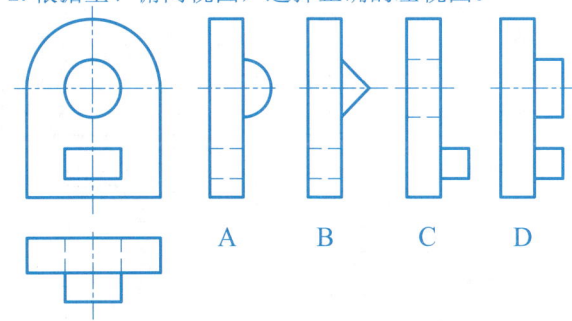

3. 根据俯视图，选择正确的主视图。

4. 根据主、左两视图，选择正确的俯视图。

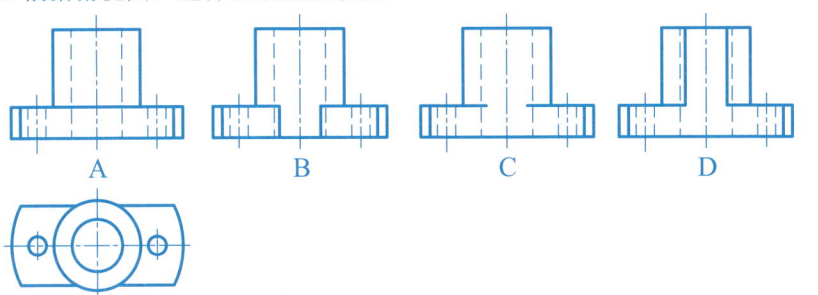
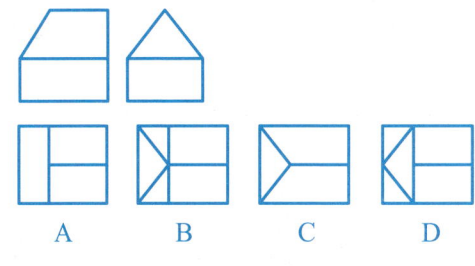

5. 根据主、俯两视图，选择正确的左视图。

6. 根据主、俯两视图，选择正确的左视图。

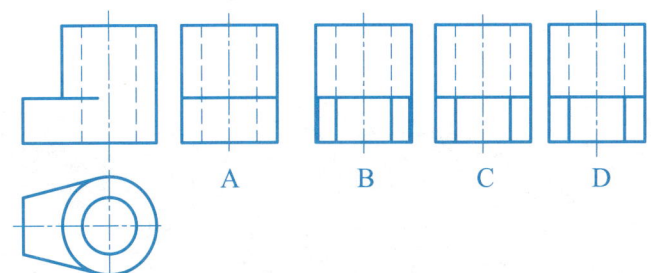
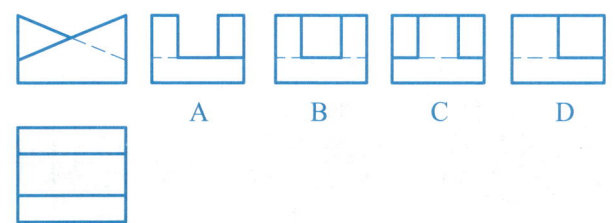

4.9 标注组合体的尺寸，尺寸数值1∶1从图中量取，取整数

1.

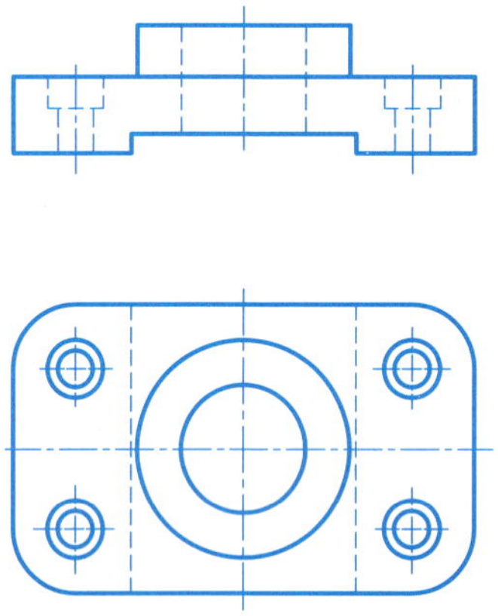

2.

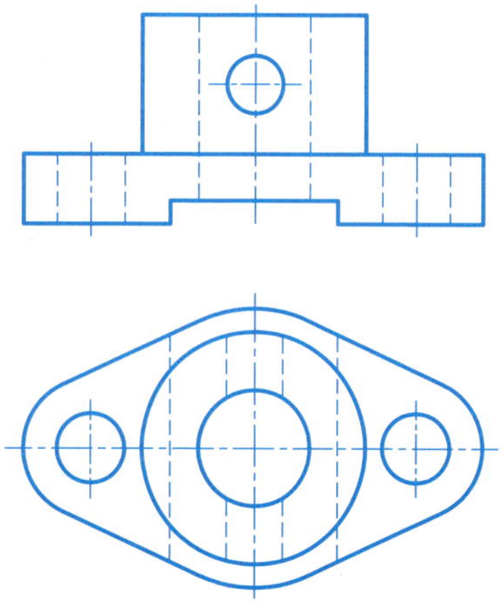

3.

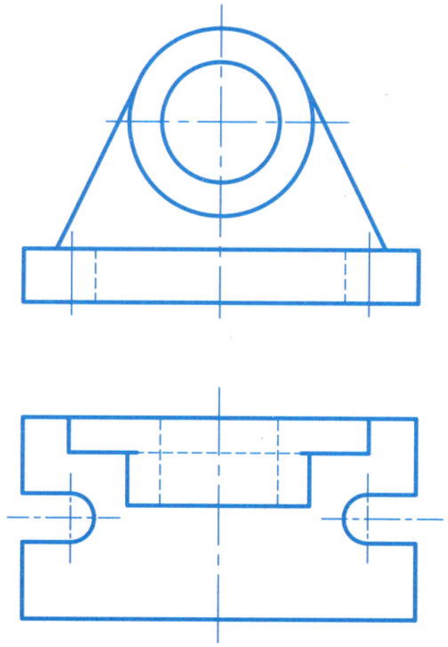

4.

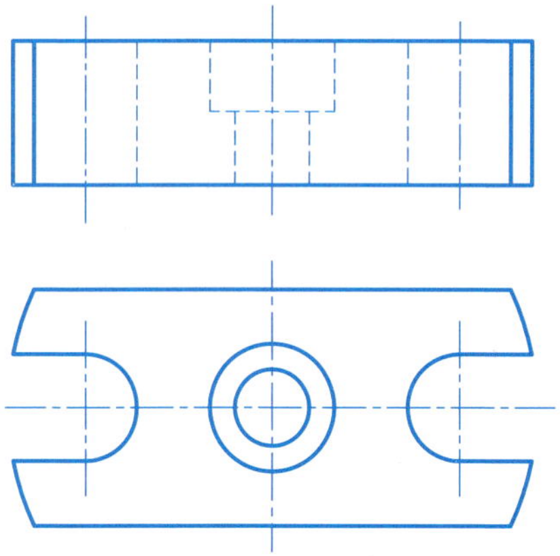

5.

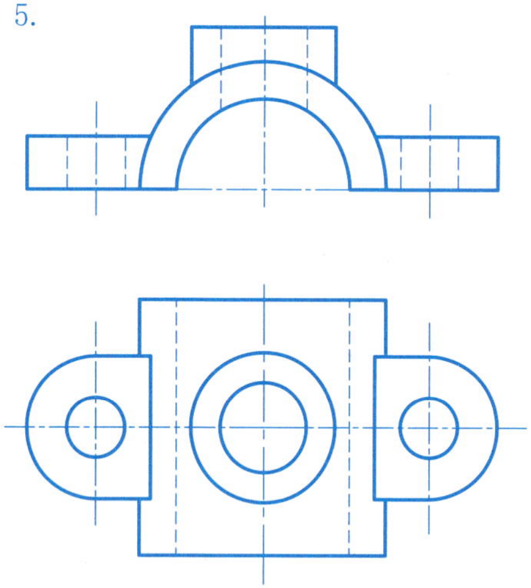

6.

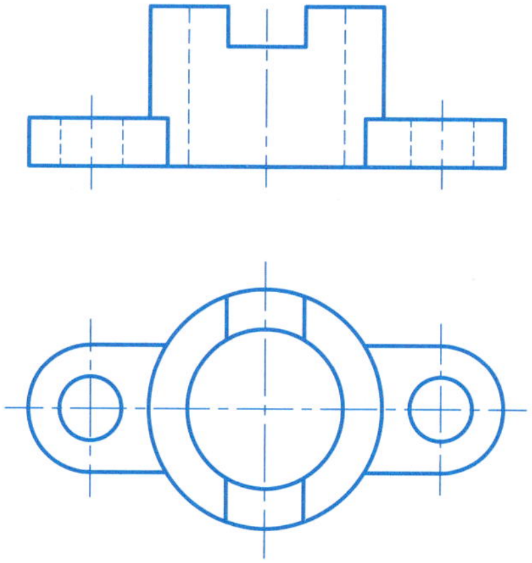

班级　　　姓名　　　学号

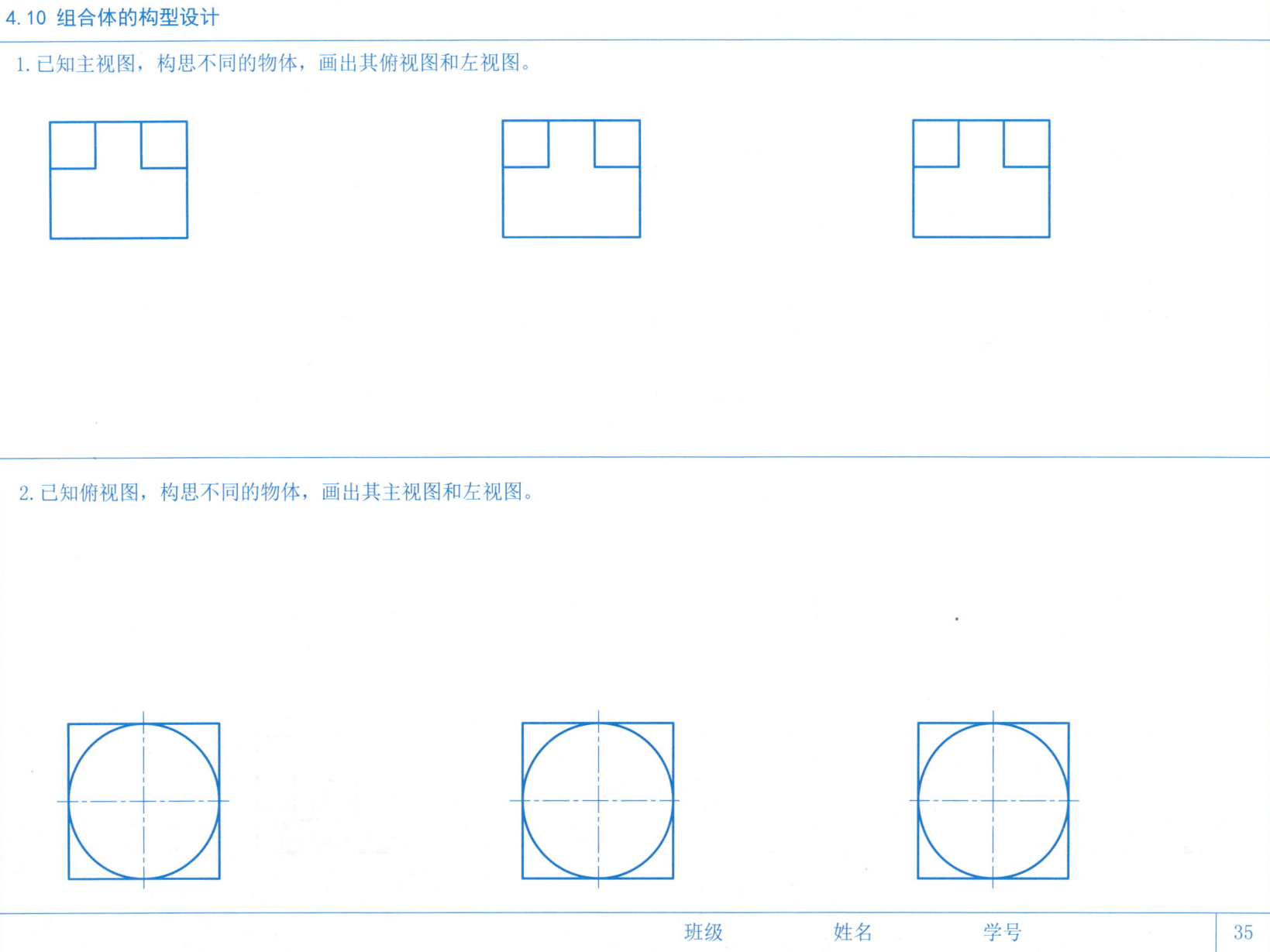

4.10 组合体的构型设计

1. 已知主、俯视图,构思不同的物体,画出其左视图。

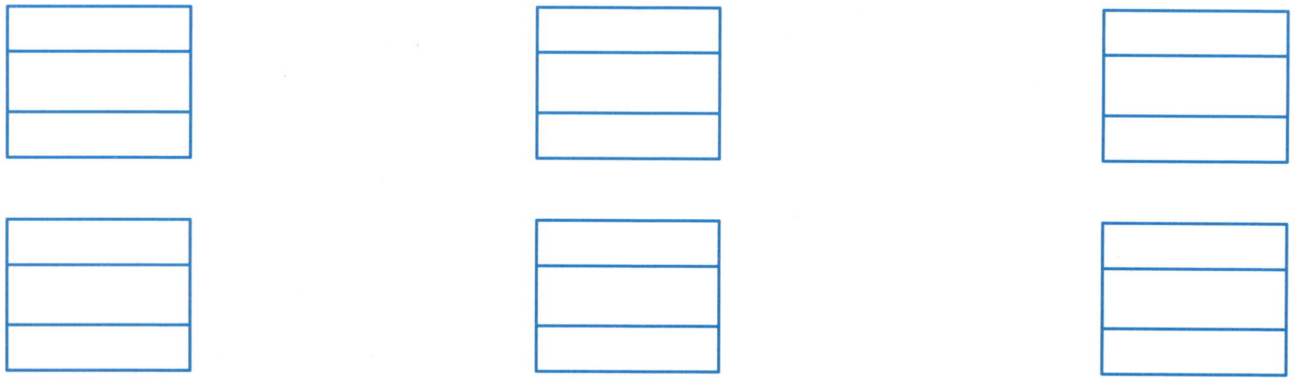

2. 已知主、俯视图,构思不同的物体,画出其左视图。

班级　　　姓名　　　学号

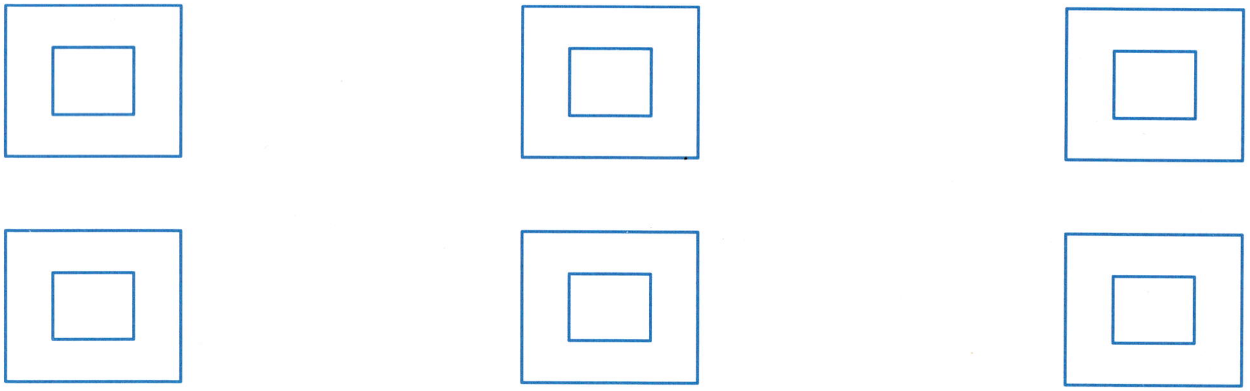

5 轴测图

5.1 画出下列物体的正等轴测图

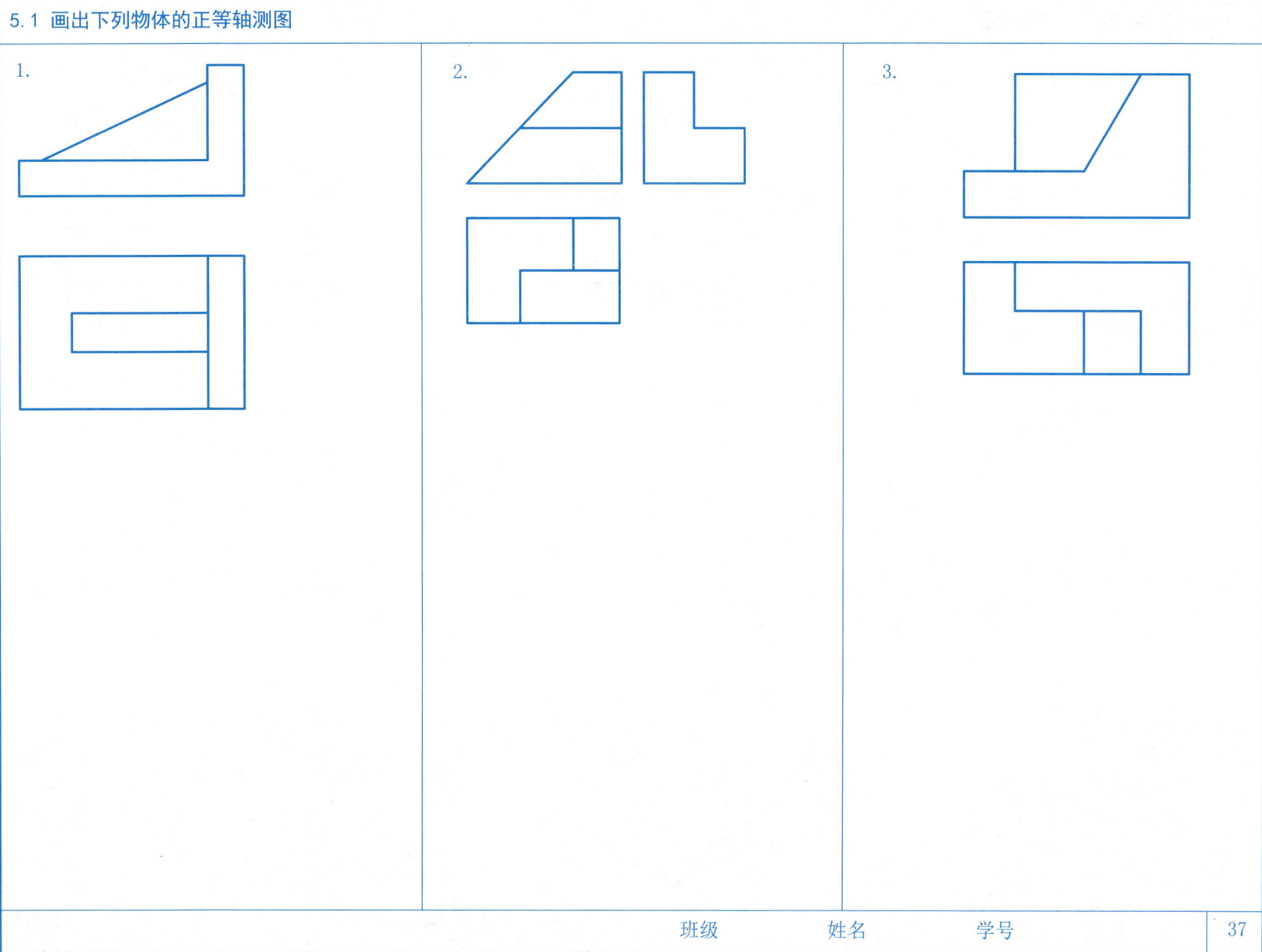

班级　　　姓名　　　学号

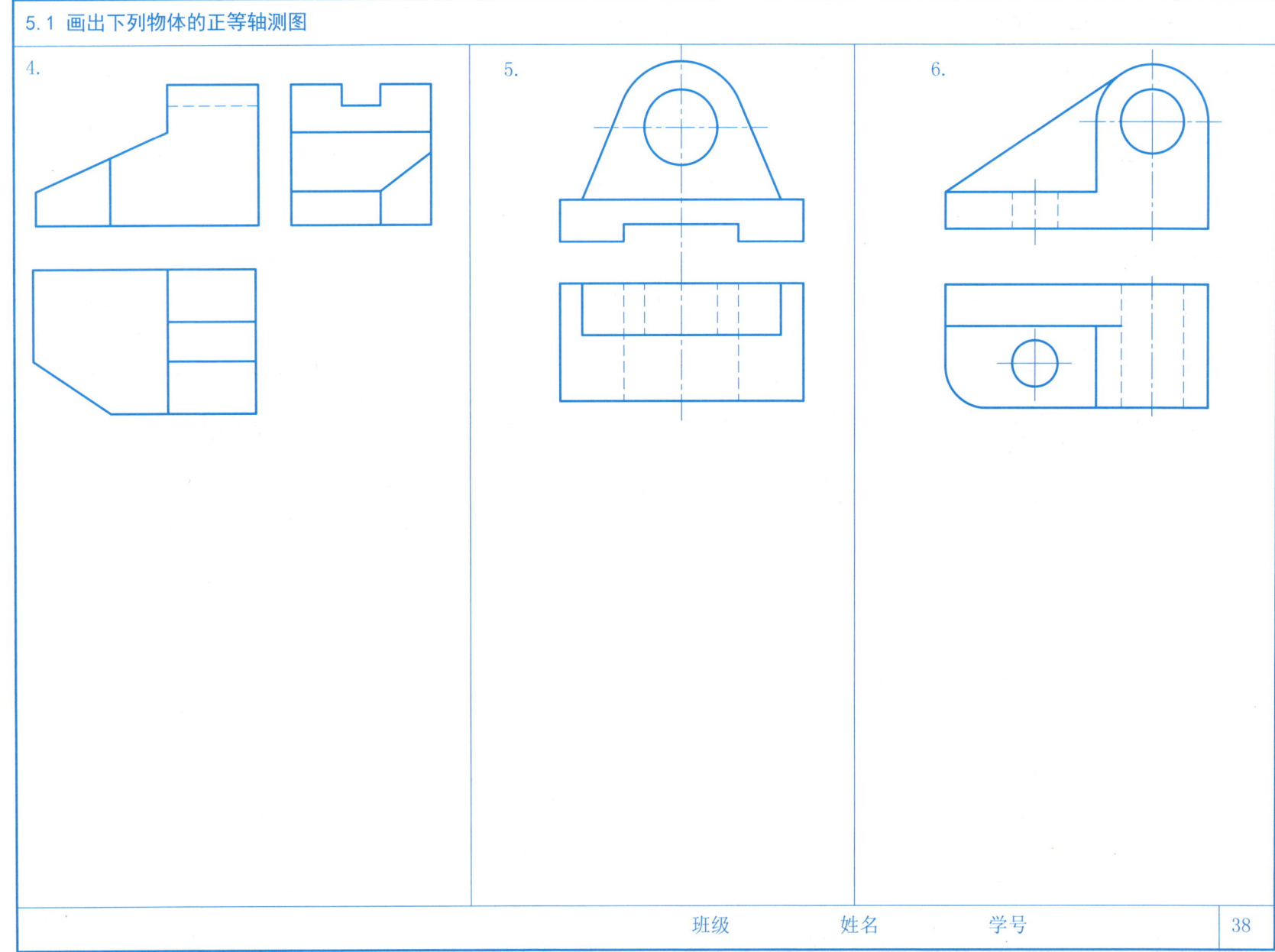

5.2 画出下列物体的斜二轴测图

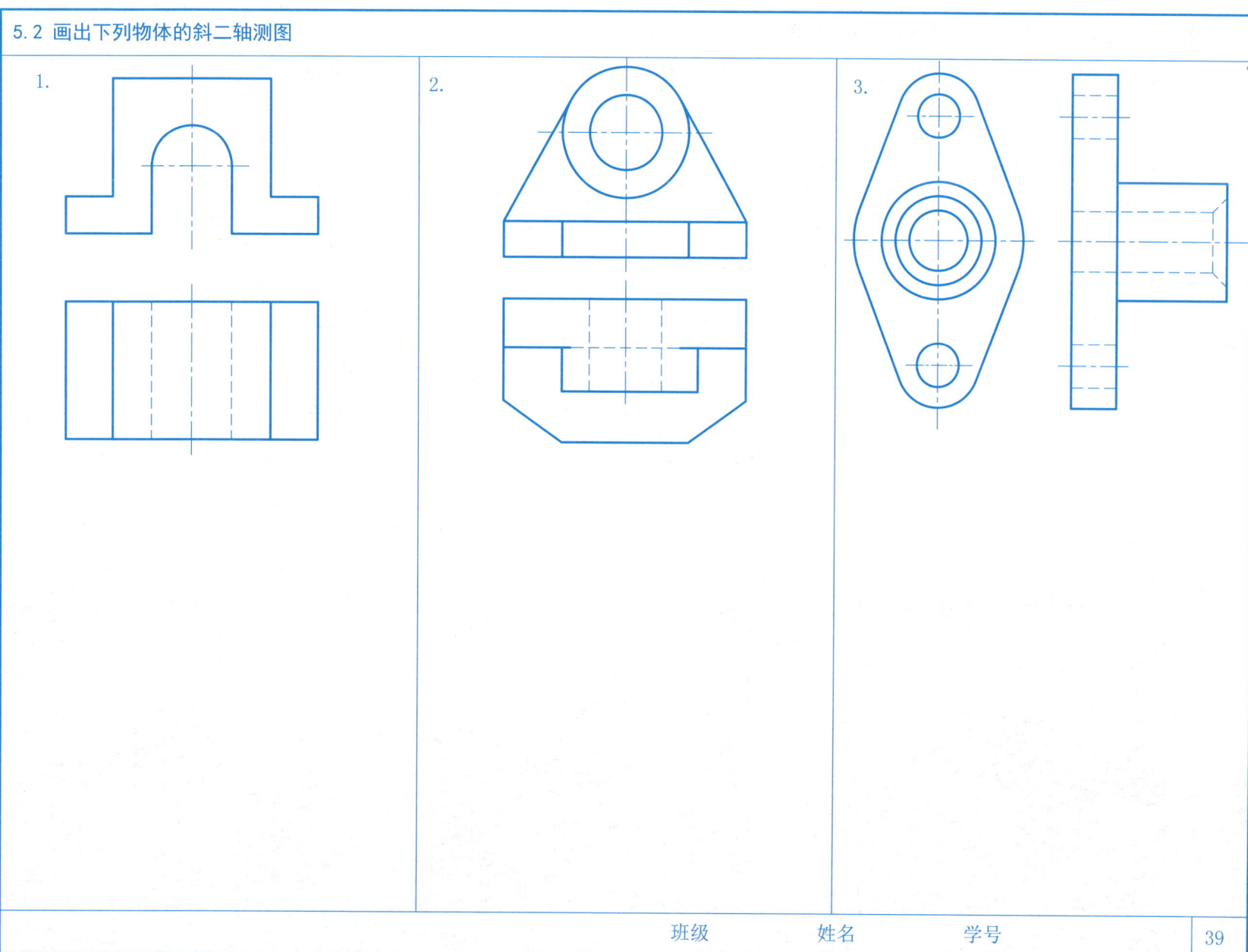

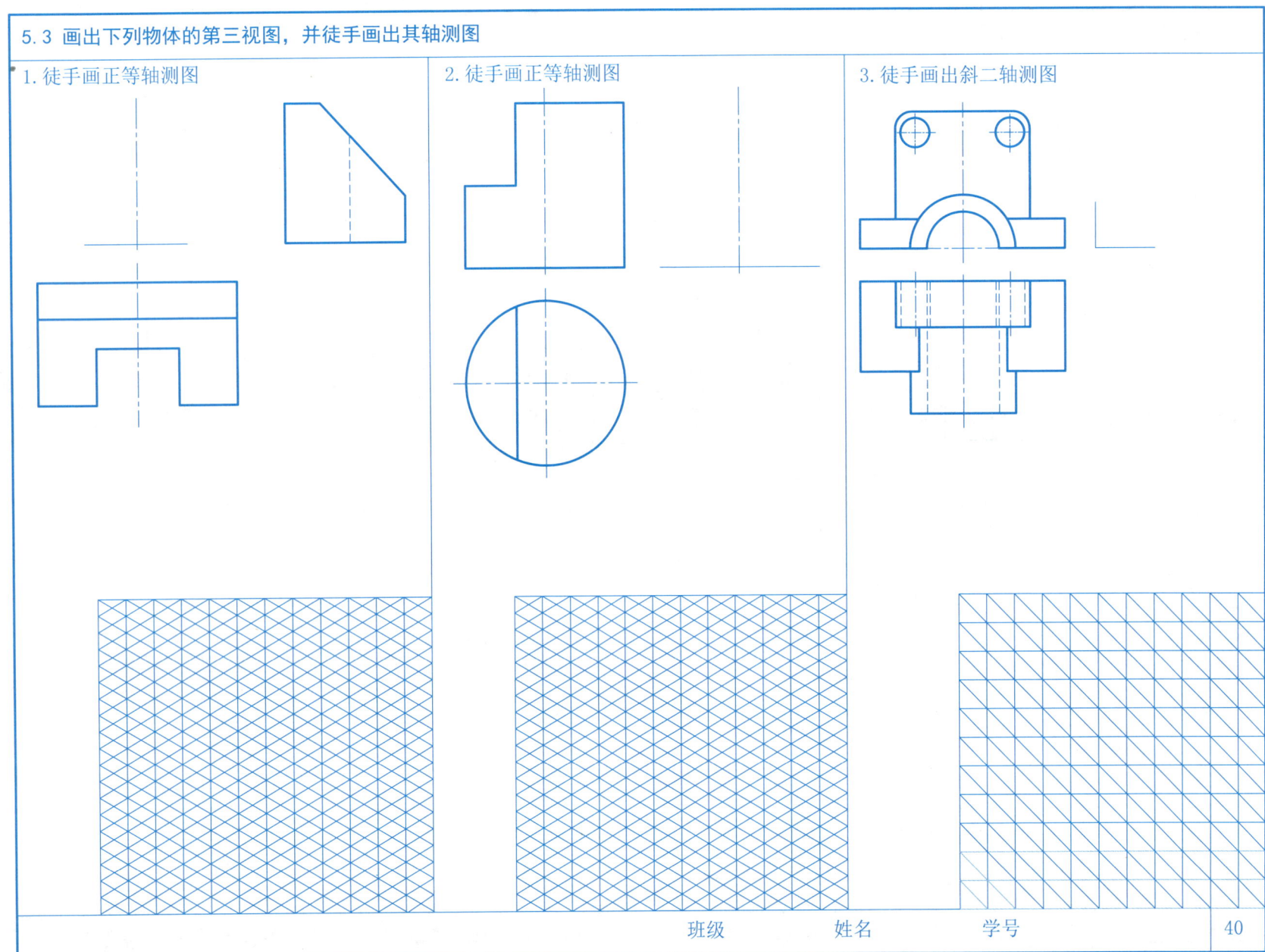

6 机件常用的表达方法

6.1 基本视图、斜视图和局部视图

1. 补画物体的右视图、后视图和A向视图。

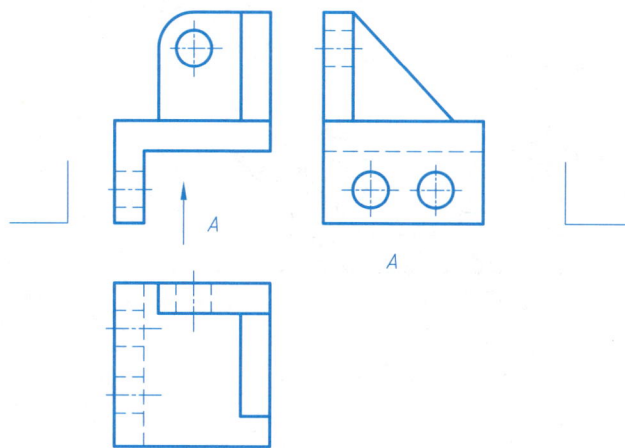

2. 看懂下图所示表达方法，并在相应位置补加标注。

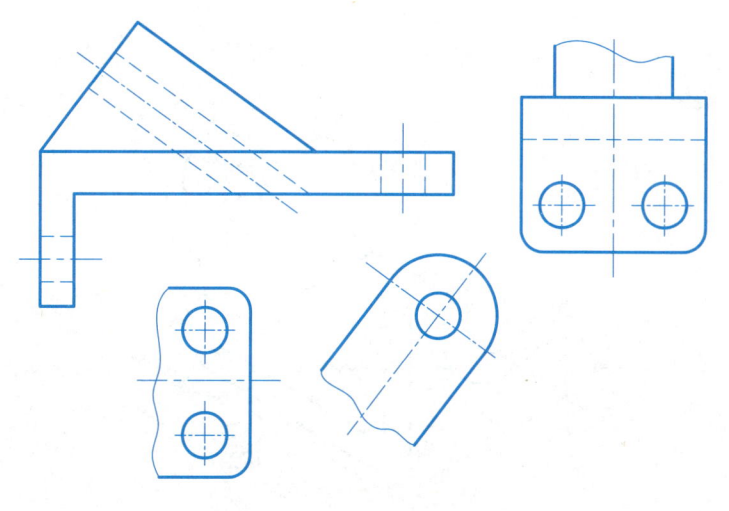

3. 画出机件的A向斜视图和B向局部视图。

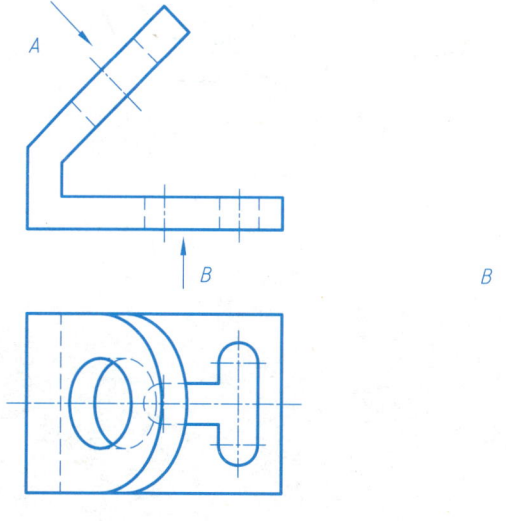

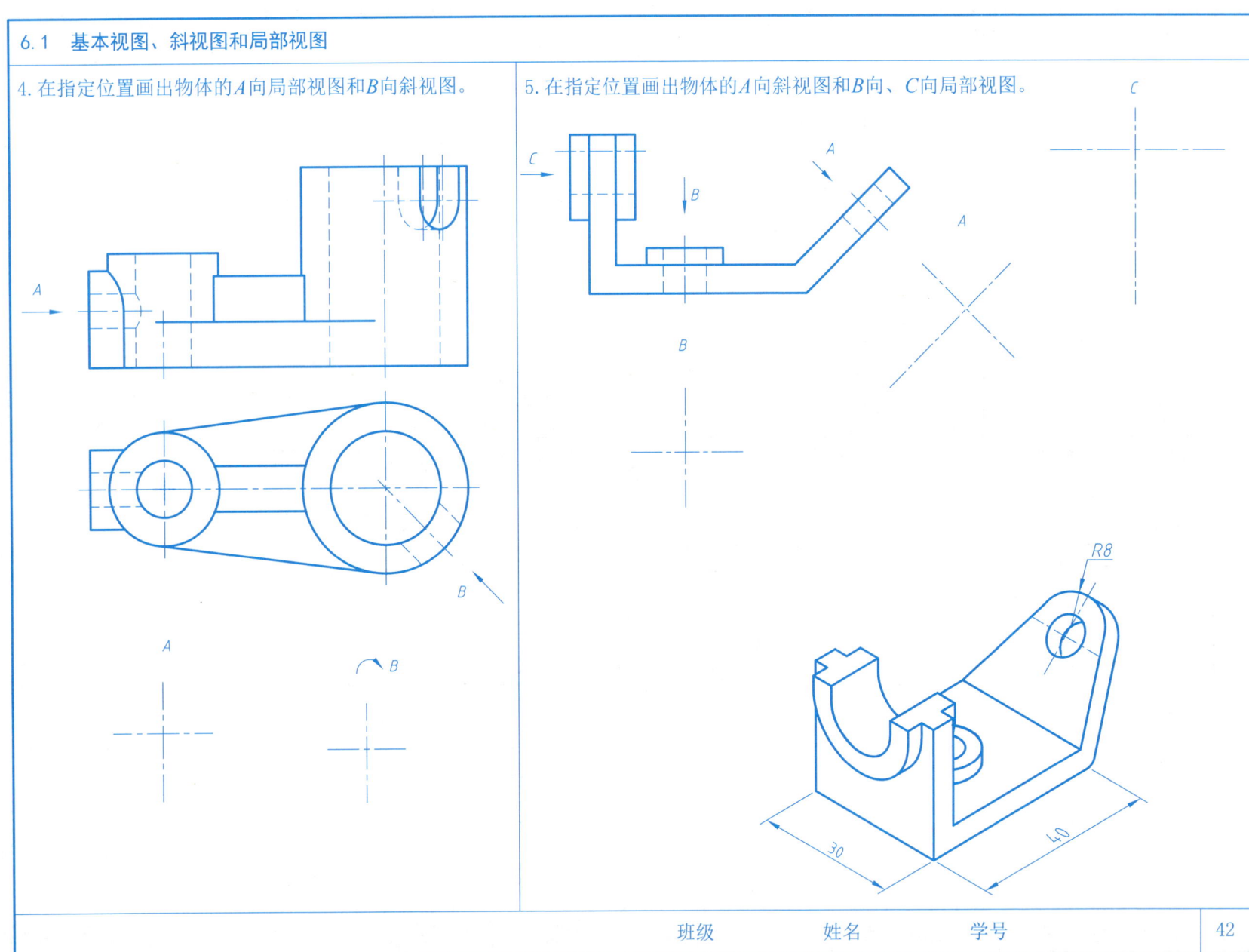

6.2 补画剖视图中漏画的线条

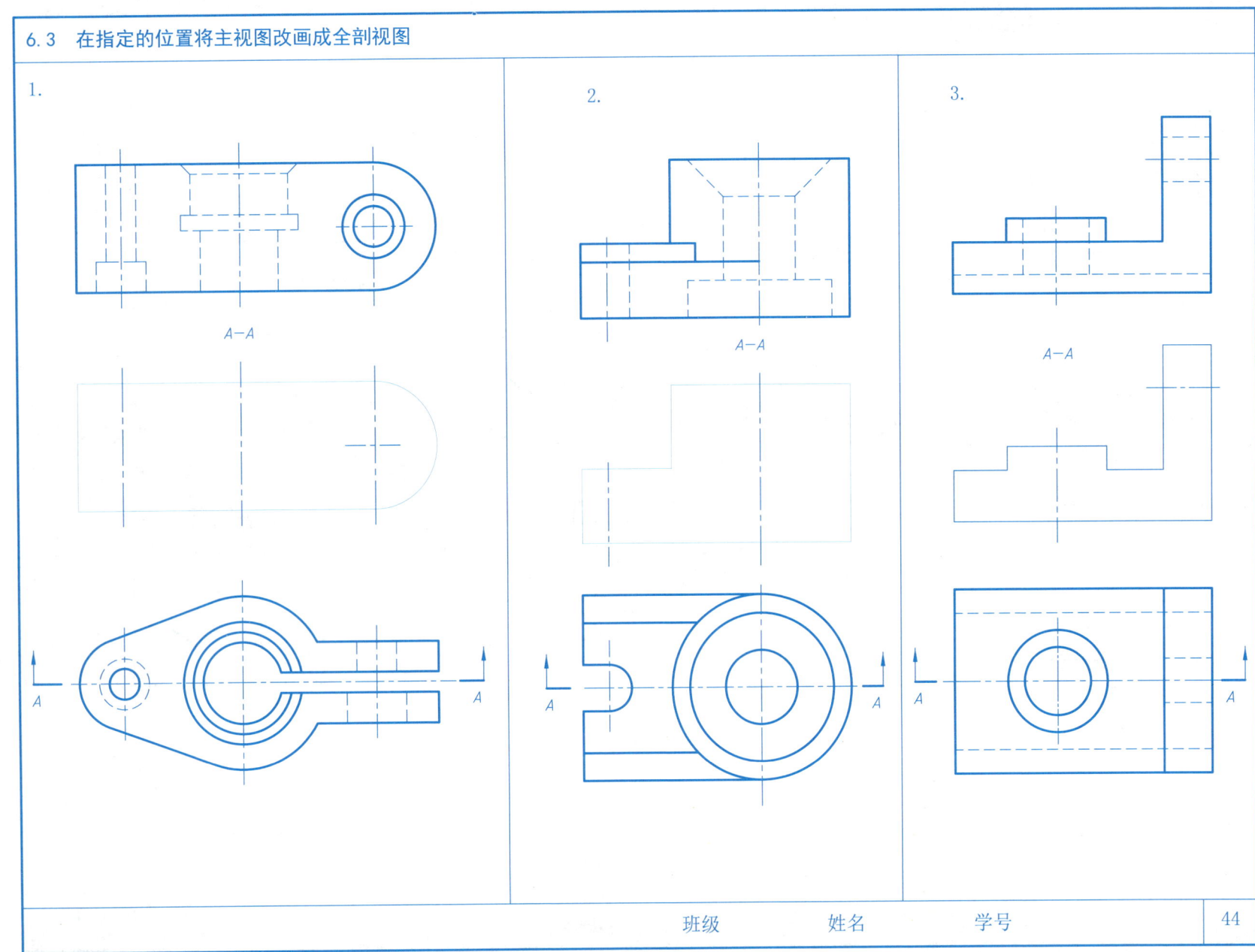

6.4 在指定位置画出全剖的左视图

1.

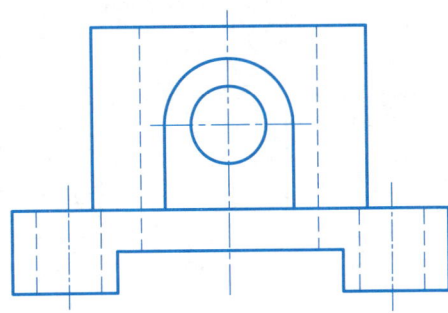

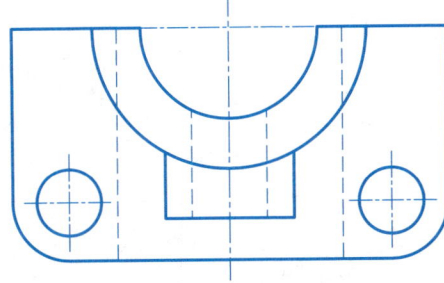

2.

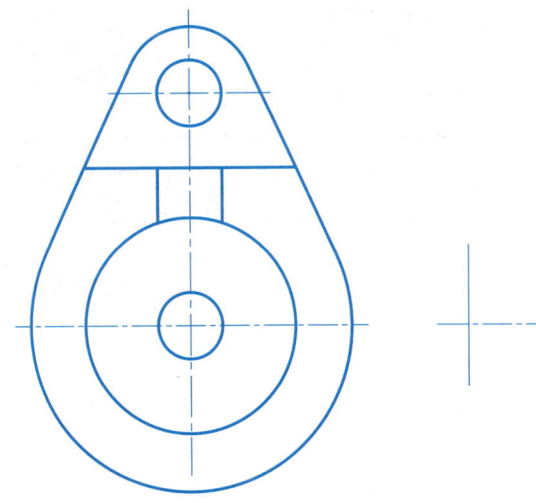

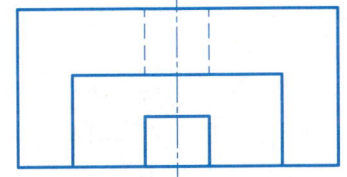

班级　　姓名　　学号

6.5 在指定位置将相应的视图改画为半剖视图

1. 在指定的位置将主视图改画为半剖视图。

2. 在指定的位置将主视图和俯视图均改画为半剖视图并标注。

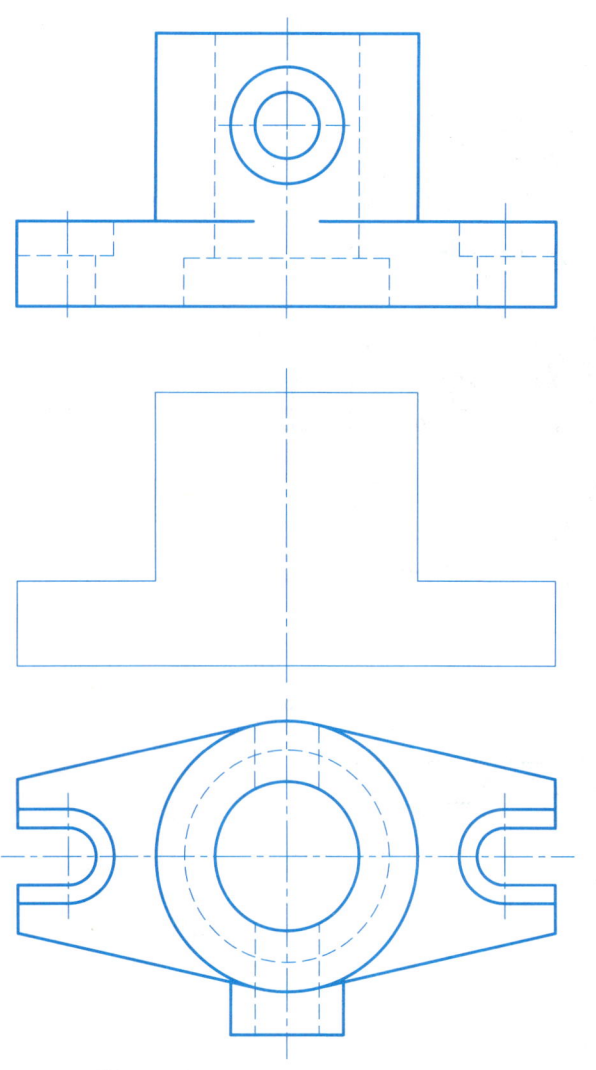
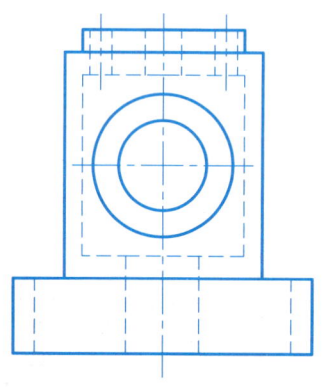
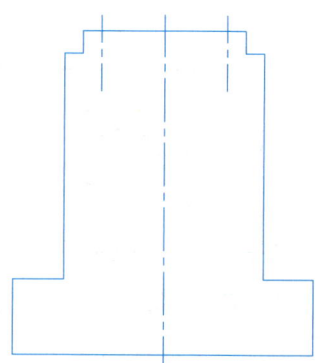
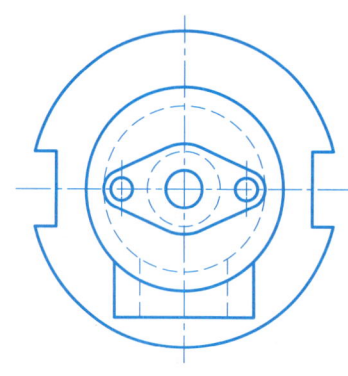
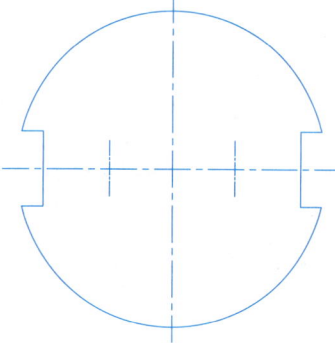

| 班级 | 姓名 | 学号 |

46

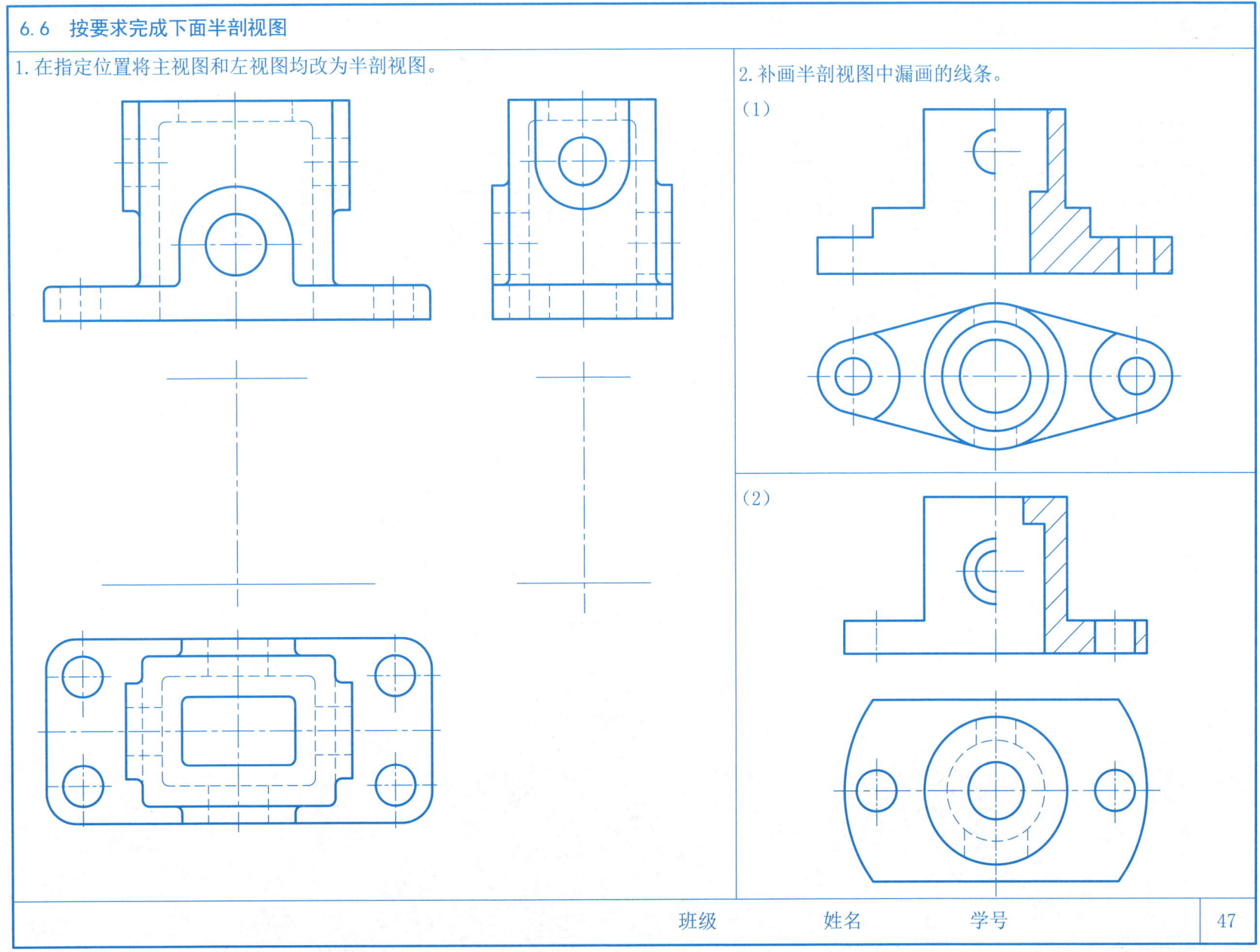

6.7 按要求完成下列局部剖视图

1. 指出下面局部剖视图中的错误并改正,不要的图线打"×"。

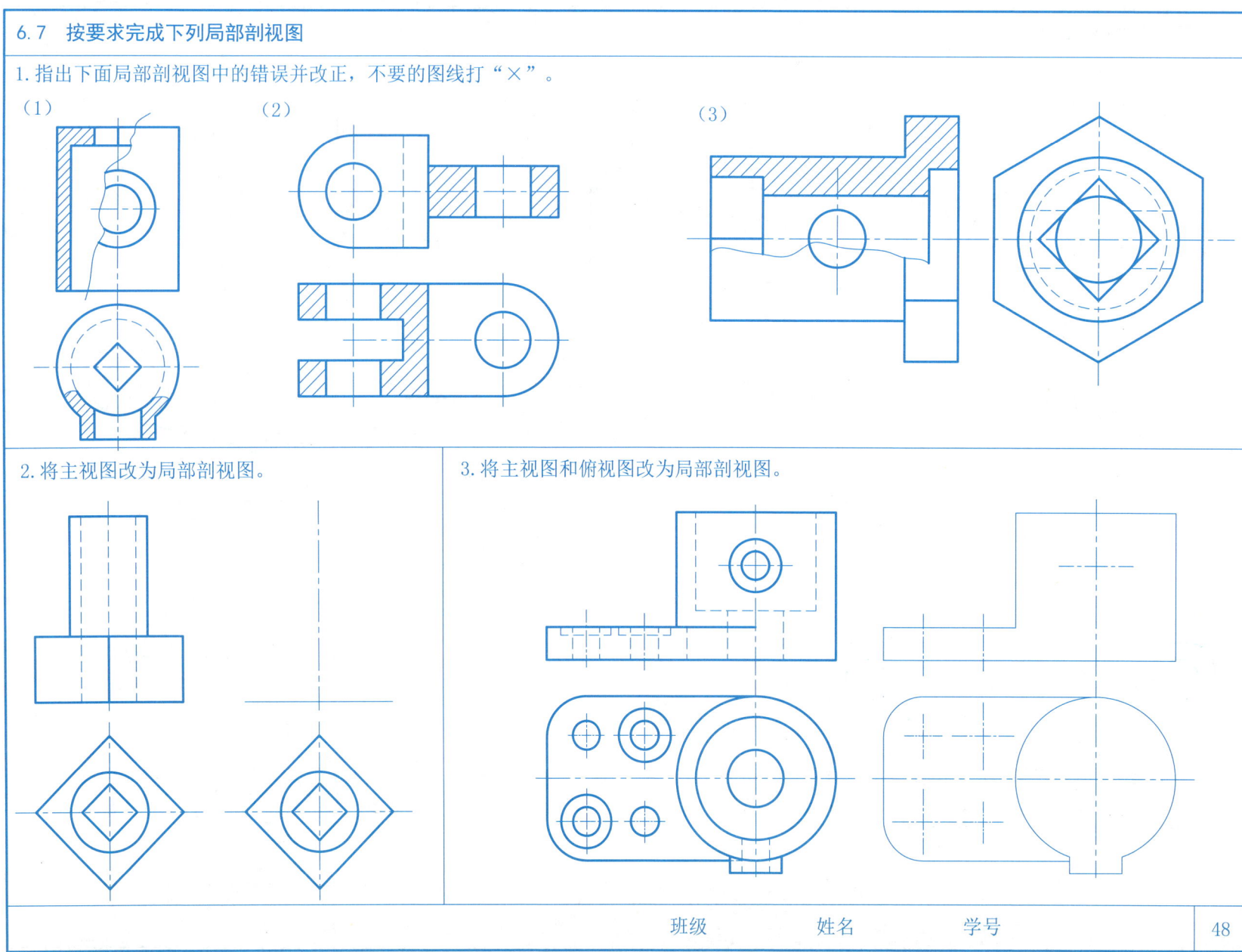

2. 将主视图改为局部剖视图。

3. 将主视图和俯视图改为局部剖视图。

6.8 将主、俯视图改画成局部剖视图

1.

2.

6.9 用阶梯剖切的方法将主视图改为全剖视图

1.

2.

6.10 用旋转剖切的方法将视图改为全剖视图

1. 用旋转剖切的方法将俯视图改为全剖视图。

2. 用旋转剖切的方法将主视图改为全剖视图。

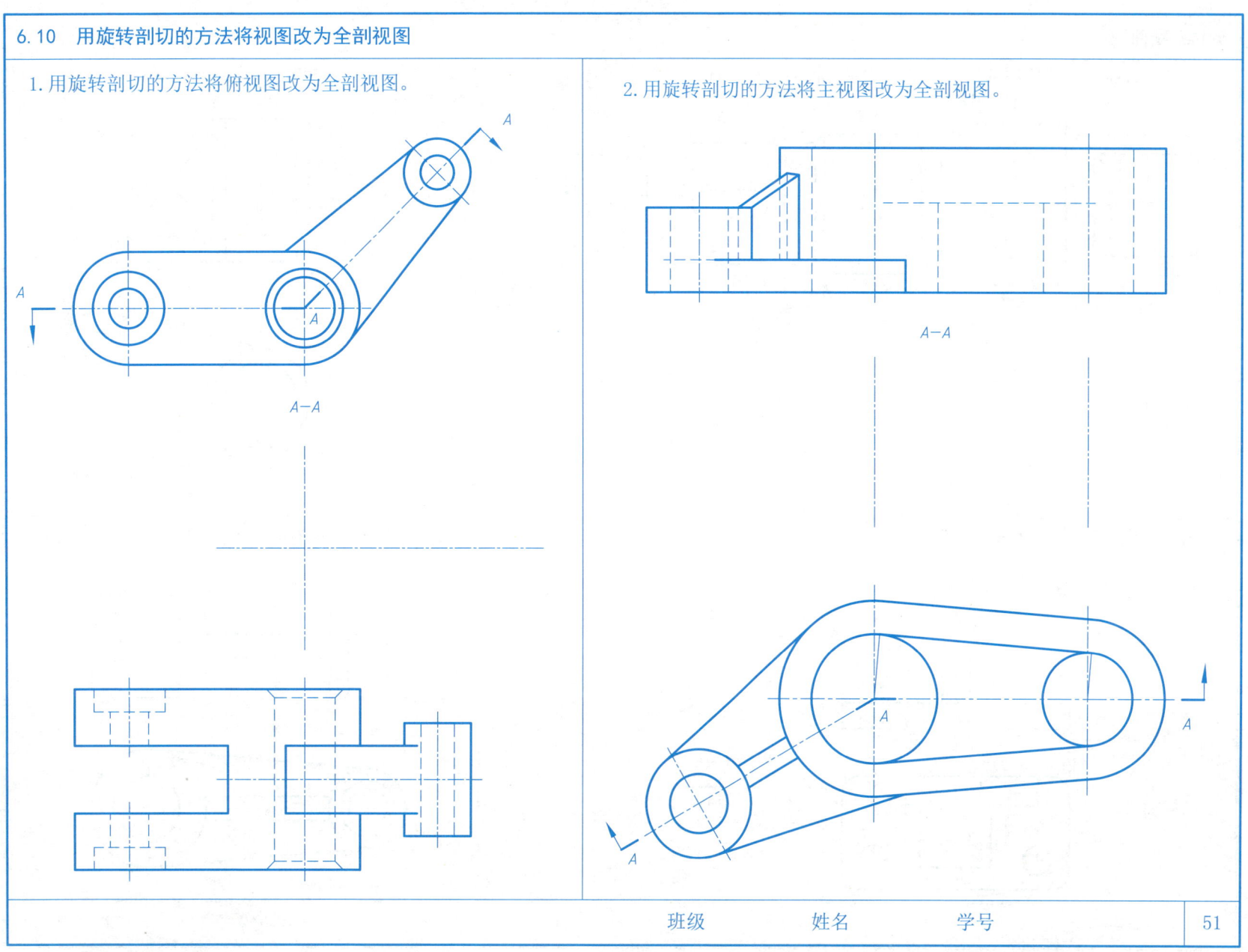

6.11 断面图

1. 在指定位置画出轴的移出断面图（平面符号处前后对称，右端键槽深 3 mm）。

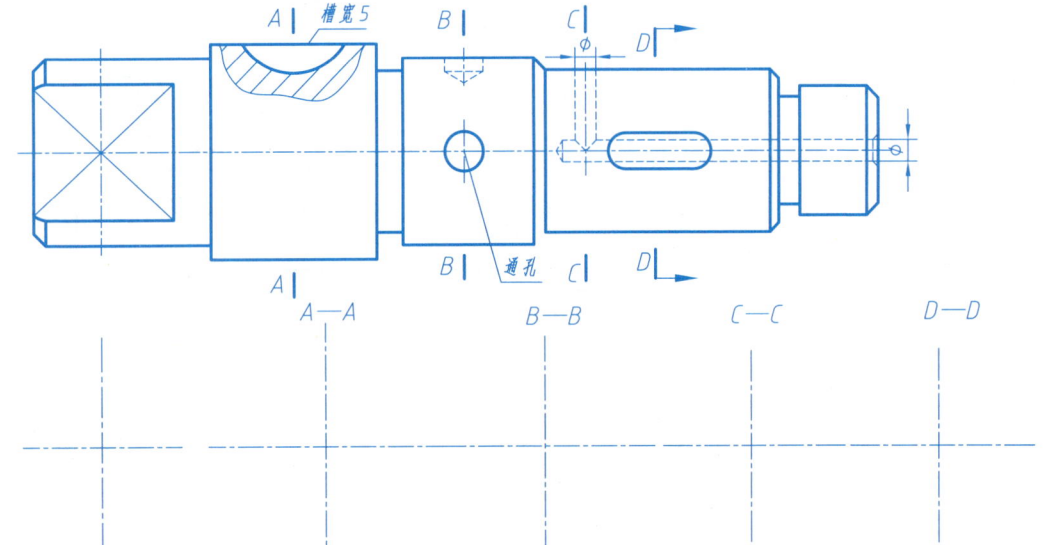

2. 画出肋板的重合断面图。

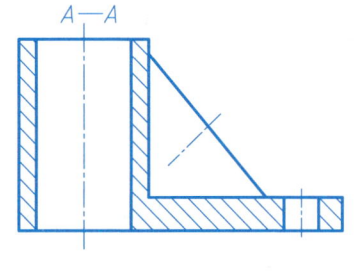

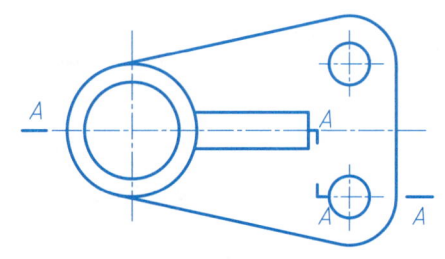

3. 画出A-A全剖视图和B-B移出断面图。

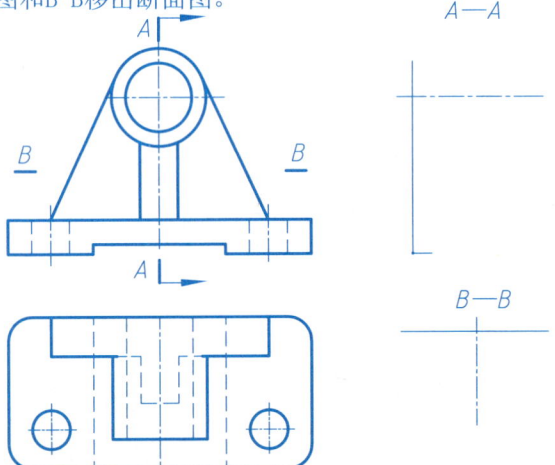

4. 在指定的位置作出重合断面图。

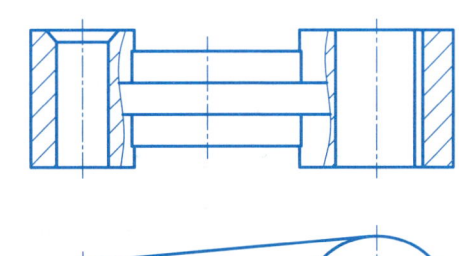

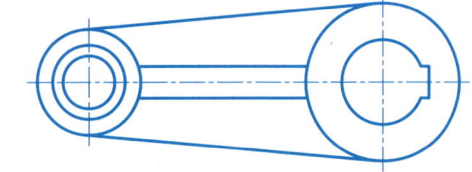

6.12 断面图和其他表达方法

1. 选择正确的答案填在括号内。

（1）下列四组重合断面图正确的是（　　）。

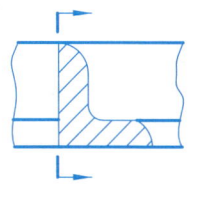 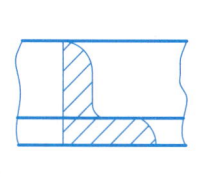 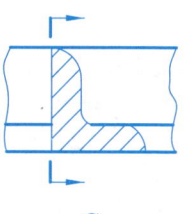 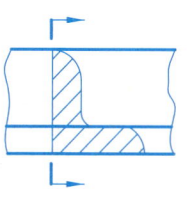

A　　　　　　B　　　　　　C　　　　　　D

（2）下列四种 A-A 移出断面图正确的是（　　）。

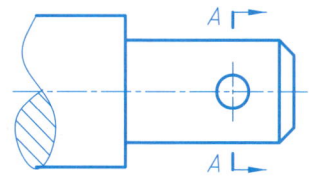 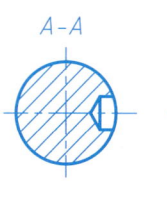 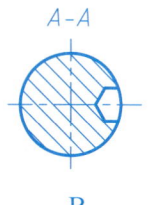 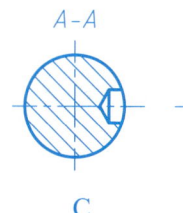 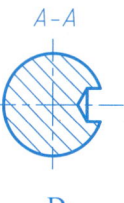

A　　　B　　　C　　　D

（3）正确的移出断面是（　　）。

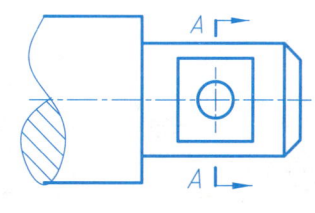 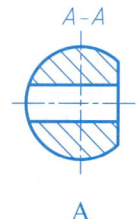  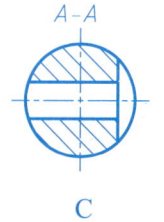 

A　　　B　　　C　　　D

2. 分析剖视图中的错误，在指定位置画出正确的剖视图。

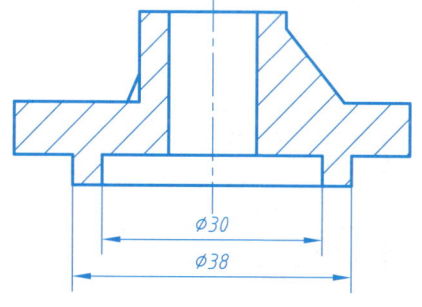

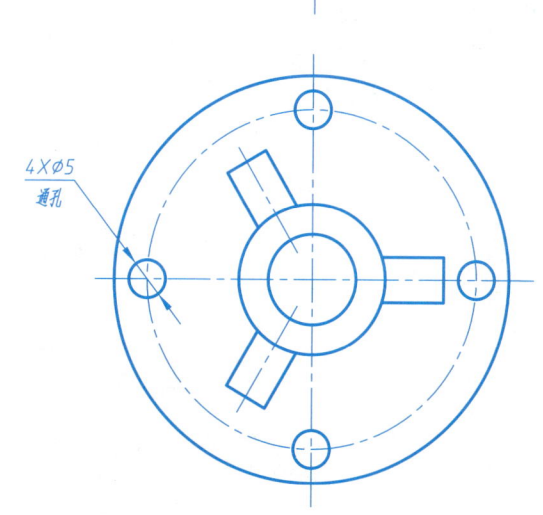

6.13 用适当的表达方法表达机件

1. 看懂原视图，运用适当的表达方法重新表达该形体（提示：主视全剖、俯视半剖、左视半剖及局部剖反映底板孔，另画一局部右视图）。

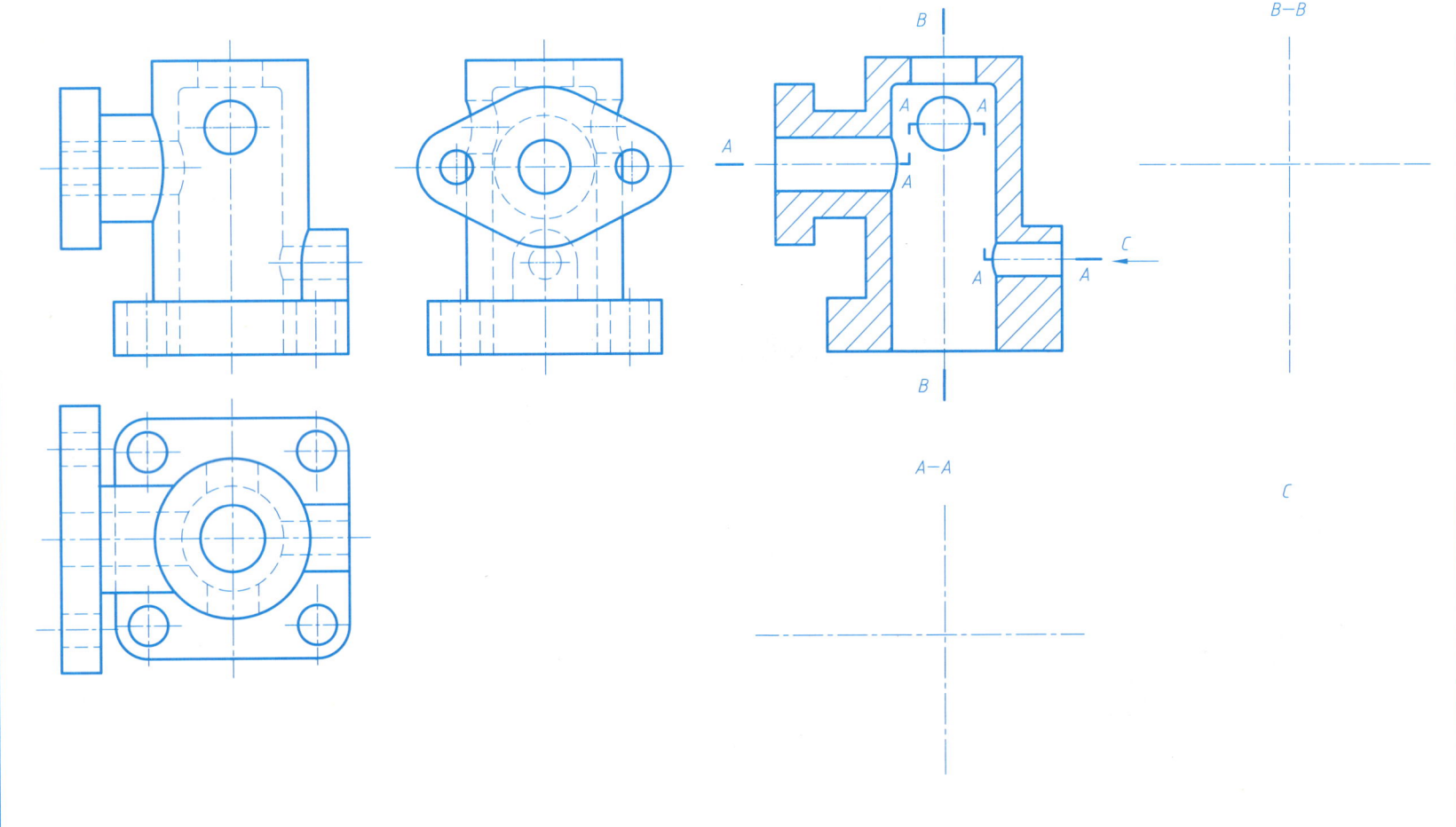

6.13 用适当的表达方法表达机件

2. 看懂原视图,运用适当的表达方法重新表达该形体(提示:主视图半剖,俯视图全剖,左视图全剖)。

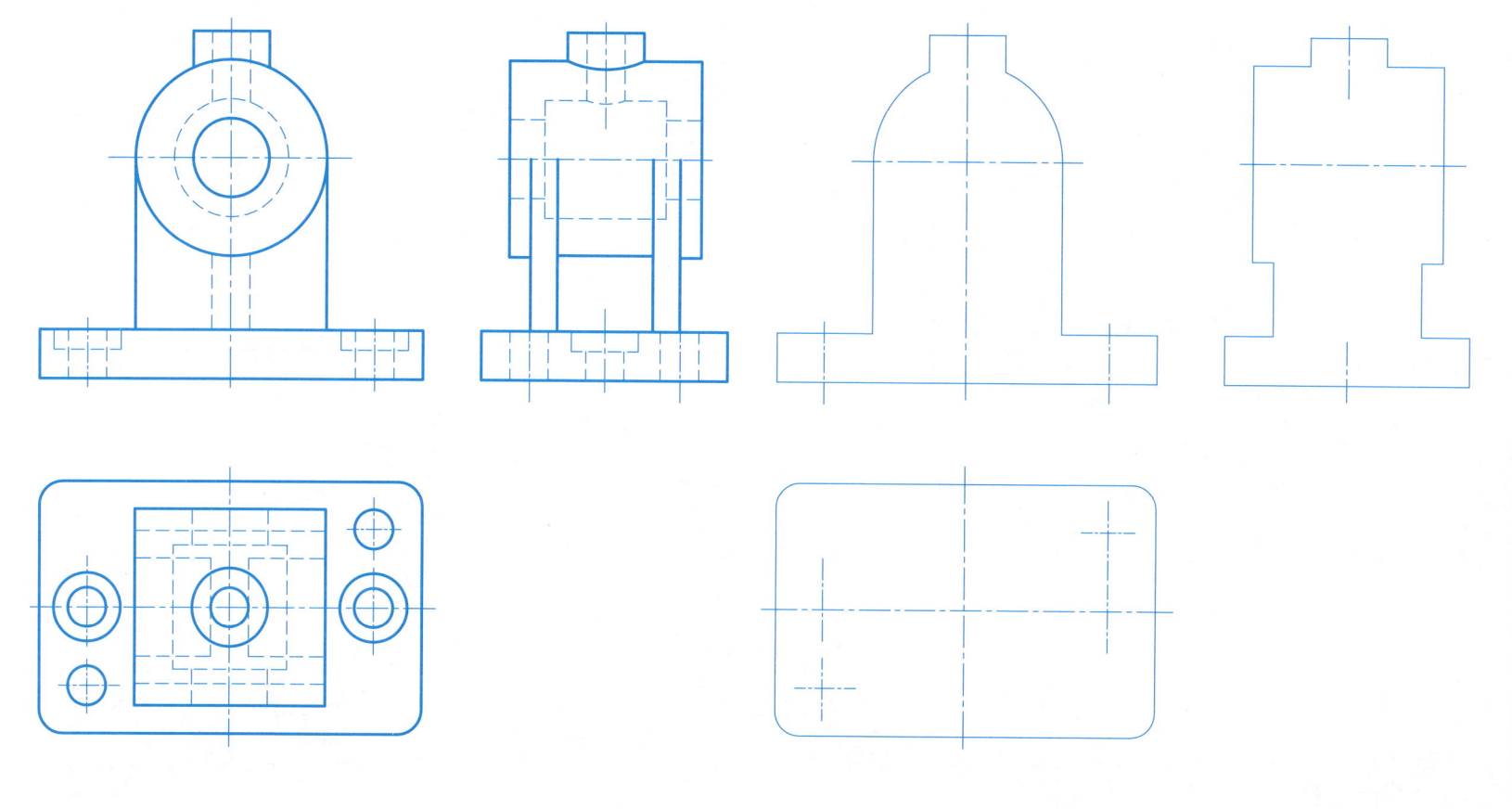

6.14 用适当的表达方法在图纸上表达机件

1. 目的和内容

   根据所给机件的视图，选择并画出所需的剖视图、断面图和其他视图，并标注尺寸。

2. 图名、图幅、比例

   (1) 图名：剖视图。

   (2) 图幅：A3。

   (3) 比例：按题自定

3. 要求

   对指定的机件选择适当的表达方案，将机件的内外形状表达清楚。

4. 绘图步骤与注意事项

   (1) 对所给视图作形体分析，在此基础上选择表达方案。

   (2) 根据规定的图幅和比例，合理布置视图的位置。

   (3) 画图时注意将视图改画成适当的剖视图，按需要画出断面图和其他视图并作适当配置，标注和调整各部分尺寸。

   (4) 经仔细校核后用铅笔加深。

   (5) 填写标题栏。

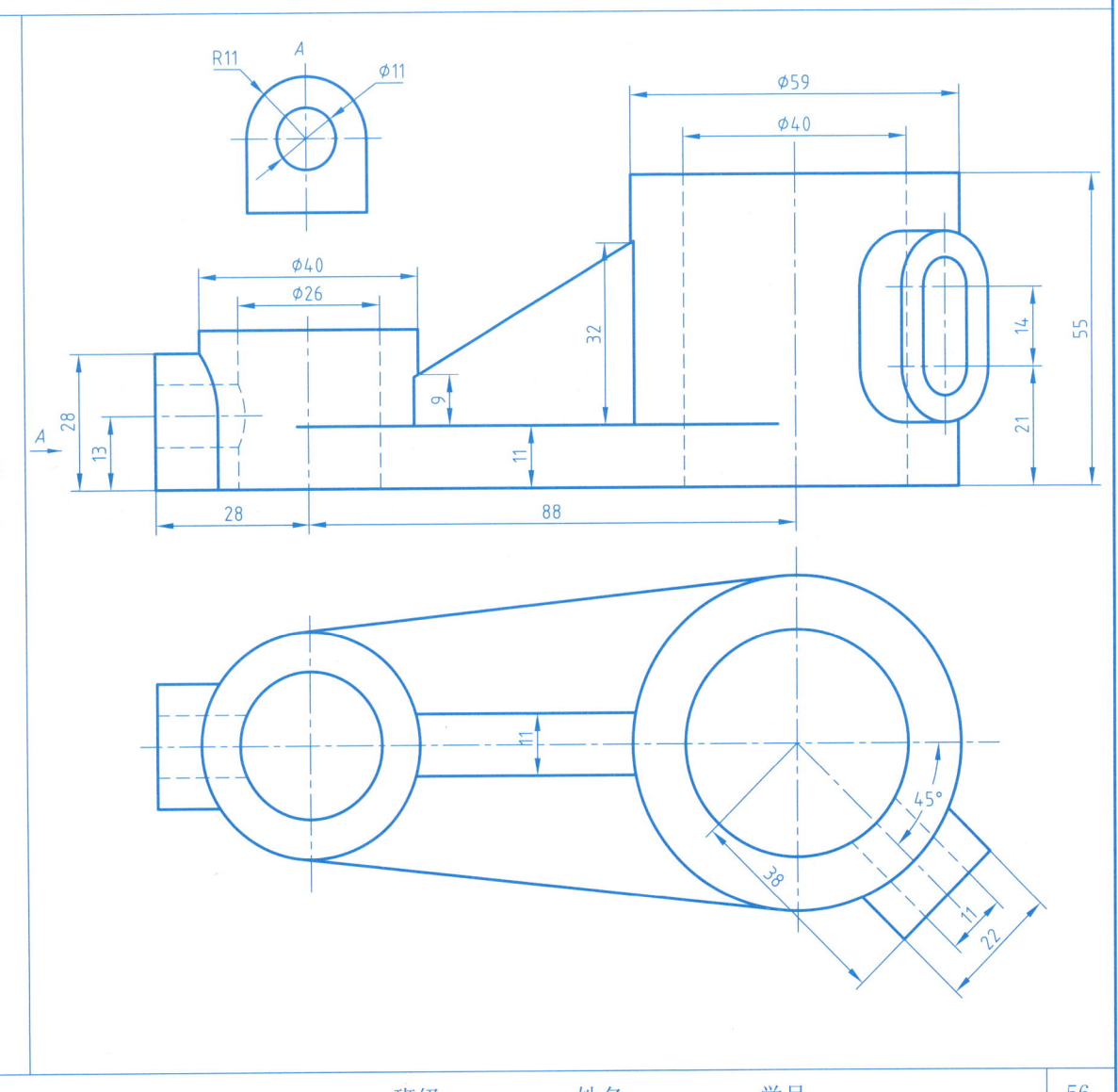

班级　　姓名　　学号

7 标准件和常用件

7.1 指出螺纹画法中的错误,并在指定位置画出正确的图形

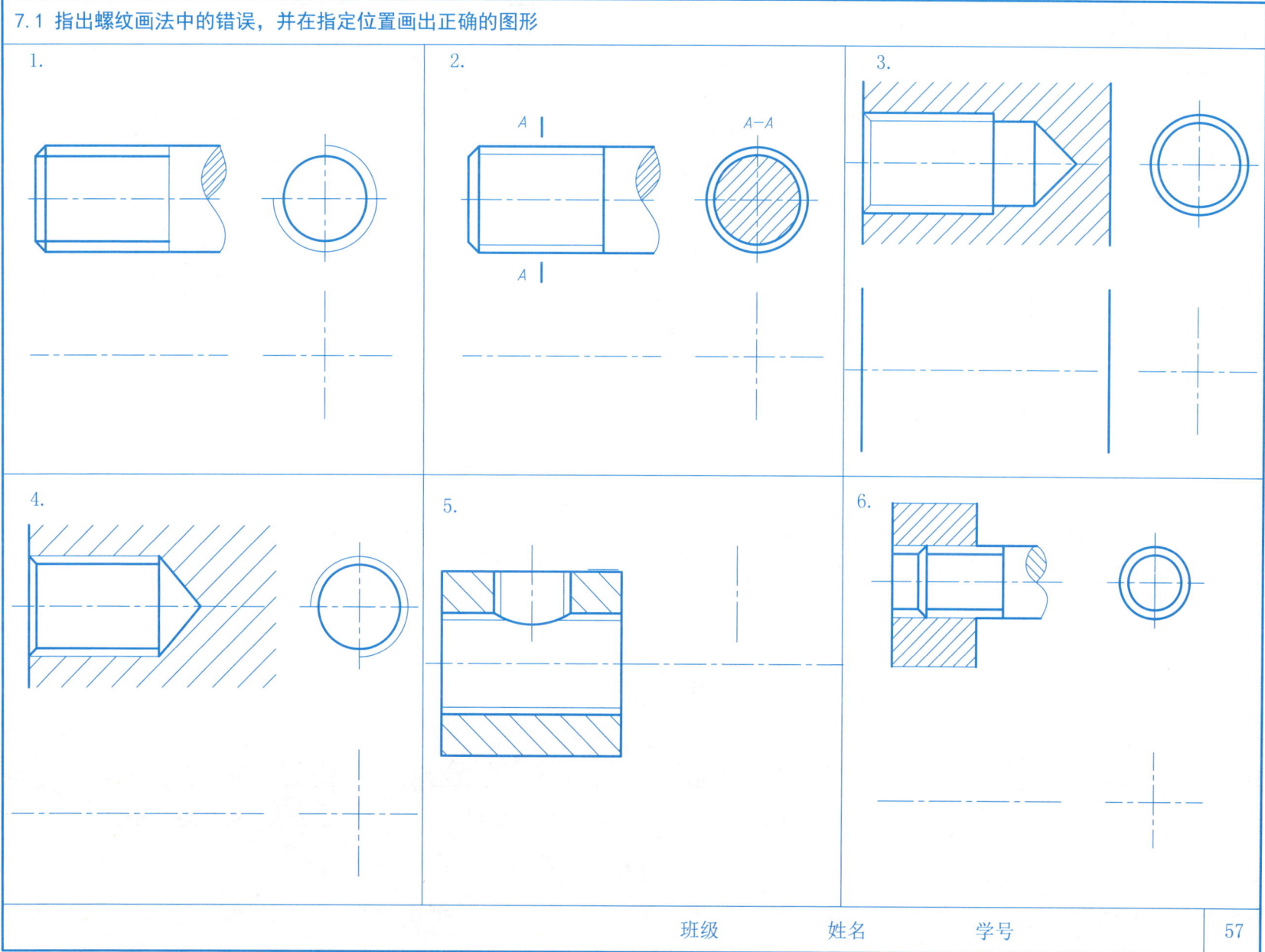

7.2 螺纹代号的含义及其在图中的标注

1. 在图中标注螺纹的规定标记

（1）普通粗牙螺纹，公称直径16 mm，螺距2 mm，右旋，中径公差带代号5 g，顶径公差带代号6 g，长旋合长度。

（2）细牙普通螺纹，公称直径20 mm，螺距2 mm，左旋，中、顶公差带代号均为6 H，中等旋合长度。

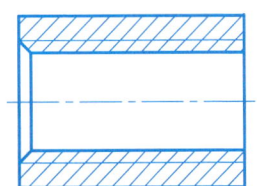

（3）梯形螺纹，公称直径32 mm，螺距6 mm，双线，左旋，中径公差带7 e，长旋合长度。

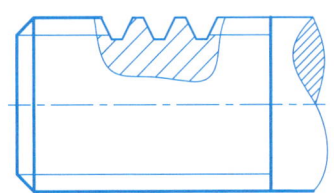

（4）非螺纹密封的管螺纹，尺寸代号3/4，公差等级A级，右旋。

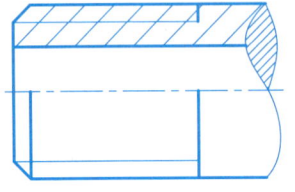

2. 已知下列螺纹代号，试识别其意义并填表

螺纹标记	螺纹种类	公称直径	导程	螺距	线数	公差带代号	旋向
M20-7H							
M16LH-5g69							
M20×1.5-6g							
B32×6LH-7e							
Tr48×16(P8)LH							
G1/2							
Rc3/4							

班级　　姓名　　学号

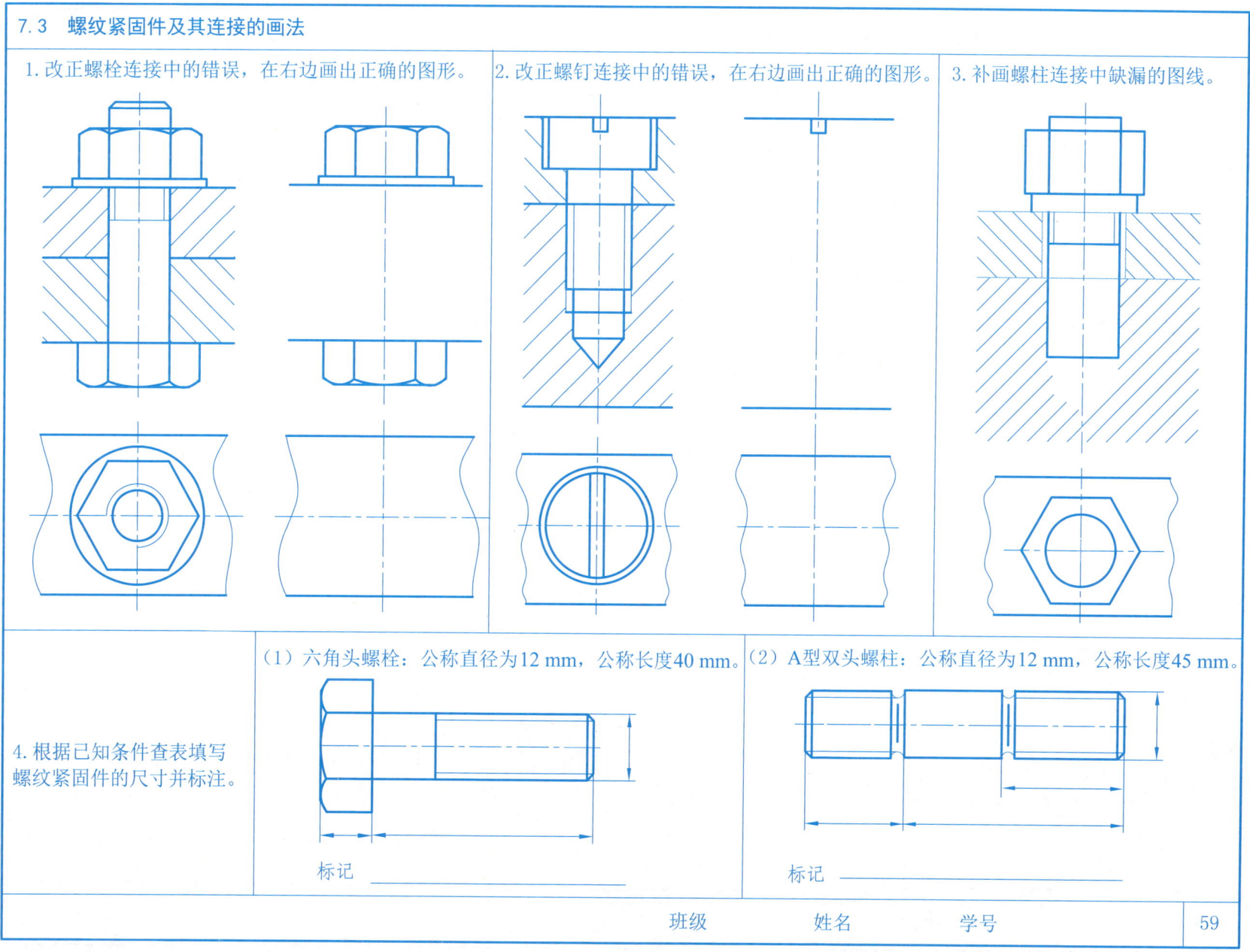

7.4 画出螺栓连接、螺钉连接和双头螺柱连接的装配图

1. 已知螺栓GB/T5782 M16×L，螺母GB/T 6170 M16，垫圈GB/T 97.116。用比例画法作出螺栓连接的主、俯视图（1∶1）。

2. 已知螺柱GB/T 898 M16×L，螺母GB/T 6170 M16，垫圈GB/T 93 16，螺孔件材料为钢。用比例画法作出螺柱连接的主、俯视图（1∶1）。

3. 已知螺钉GB/T 68 M8×L，螺孔件材料为青铜。用比例画法作出螺钉连接的主、俯视图（2∶1）。

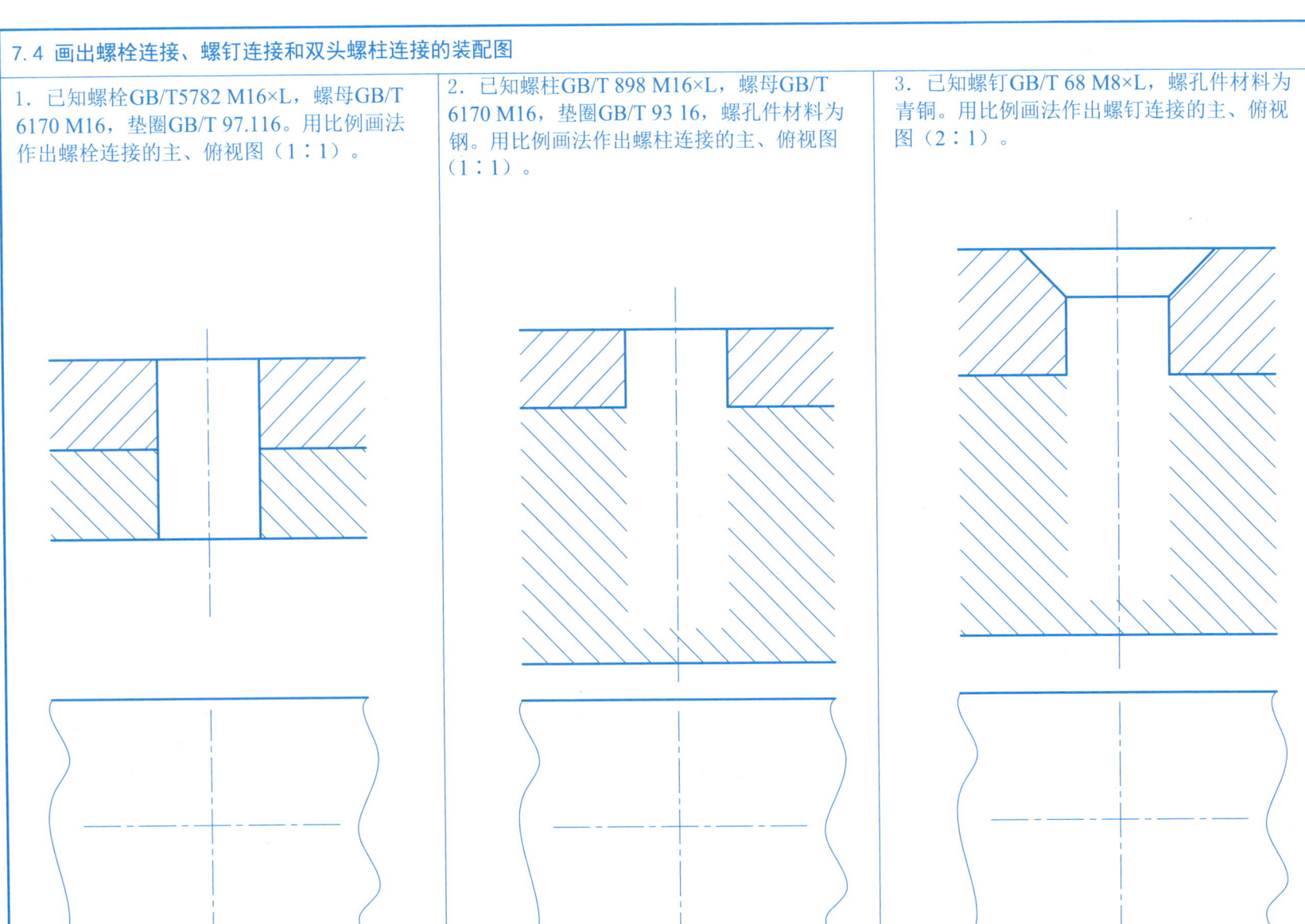

7.5 键连接

1. 按轴径（由图中量取整数）查表，画出键槽 A—A 的断面图，并标出键槽的尺寸。

2. 画出与轴相配合的齿轮轴孔的键槽图，并标出尺寸。

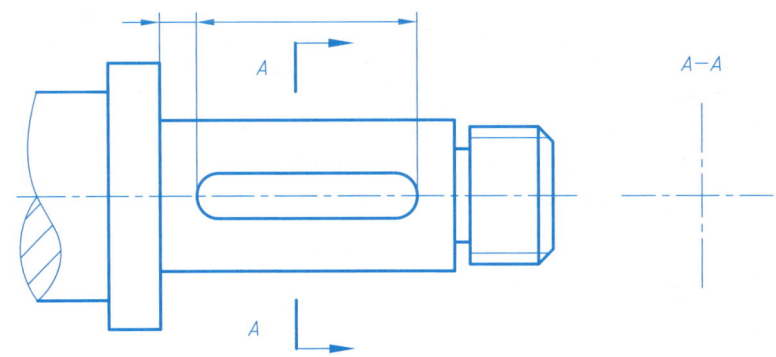
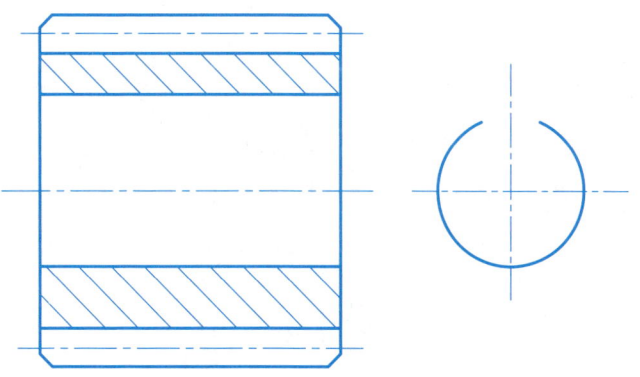

3. 画出1、2两题的轴与齿轮用键连接的装配图，并写出键的规定标记。

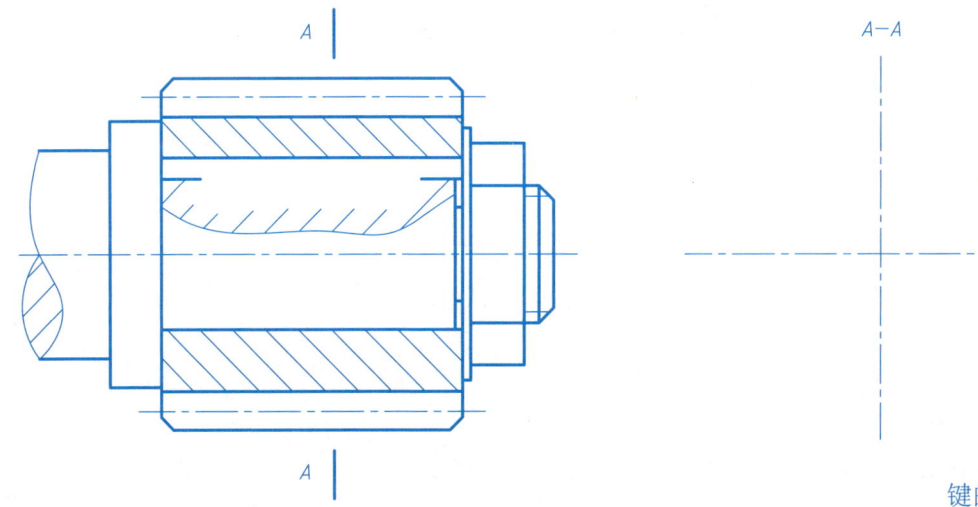

键的规定标记 _____

班级　　姓名　　学号

7.6 完成直齿圆柱齿轮的啮合图

已知大齿轮为主动轮，模数 $m=6$，齿数 $z=25$，两齿轮的中心距为108 mm，试计算大小两齿轮的分度圆、齿顶圆和齿根圆直径及传动比，用1:2的比例完成下列两视图。

d_1	
d_{a1}	
d_{f1}	
d_2	
d_{a2}	
d_{f2}	

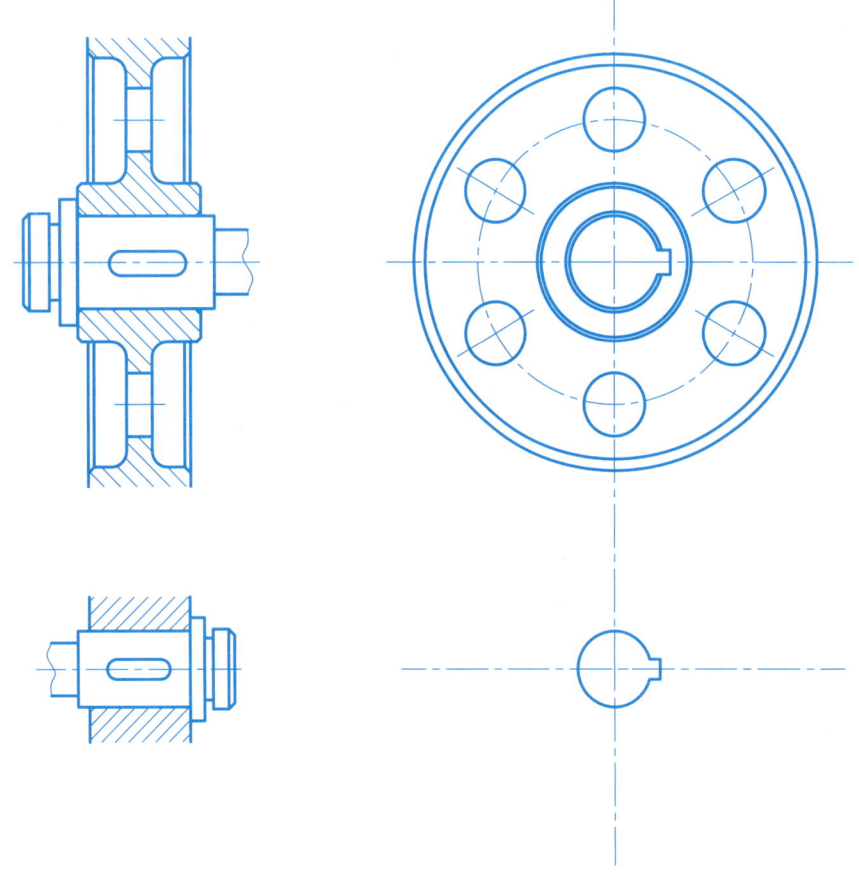

7.7 销连接及轴承的画法

1. 齿轮与轴用直径为6 mm、长度适当的圆柱销连接，试用1:1比例画圆柱销连接的剖视图，并写出圆柱销的规定标记（圆柱销倒角尺寸C2）。

2. 用规定画法1:2画出装配图中的滚动轴承。其中：轴承1为6209（GB/T 276—1994），轴承2为6413（GB/T 276—1994）。

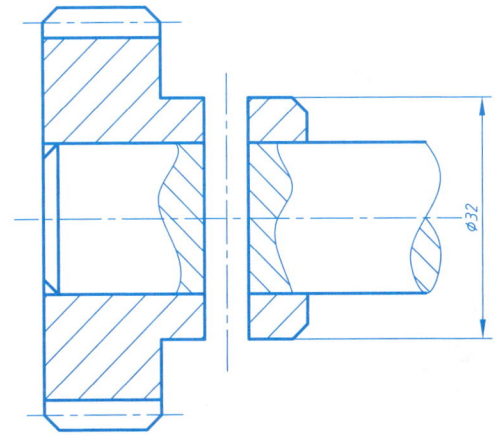

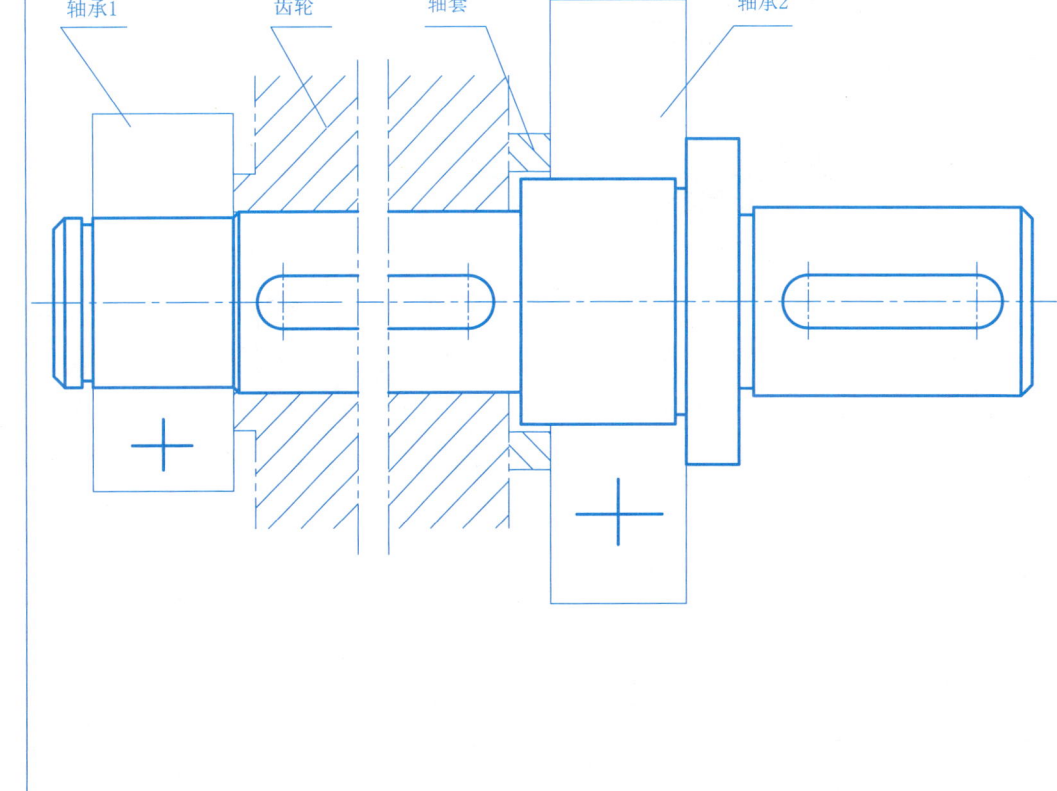

销的规定标记：

8 零件图

8.1 根据零件的轴测图在图纸上画出零件图

1. 零件名称：轴；材料：45；键槽尺寸根据轴径查表。

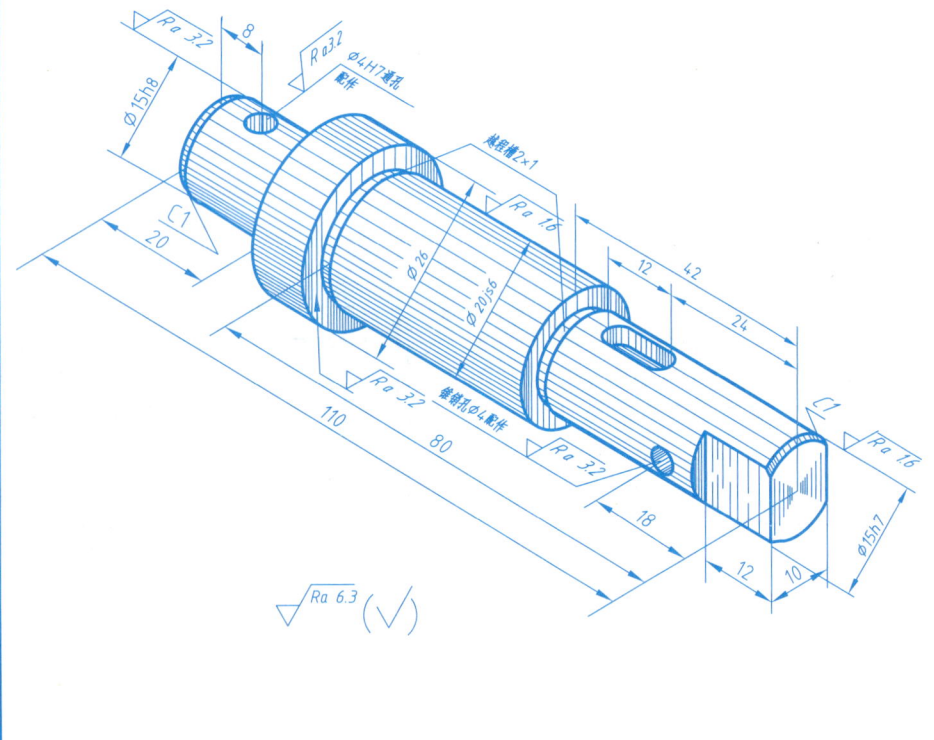

2. 零件名称：机匣盖；材料：HT150。

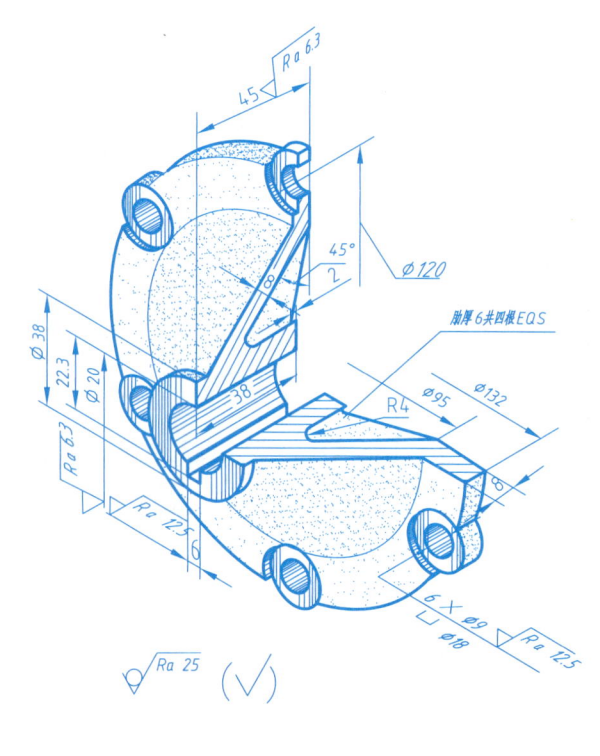

班级　　姓名　　学号

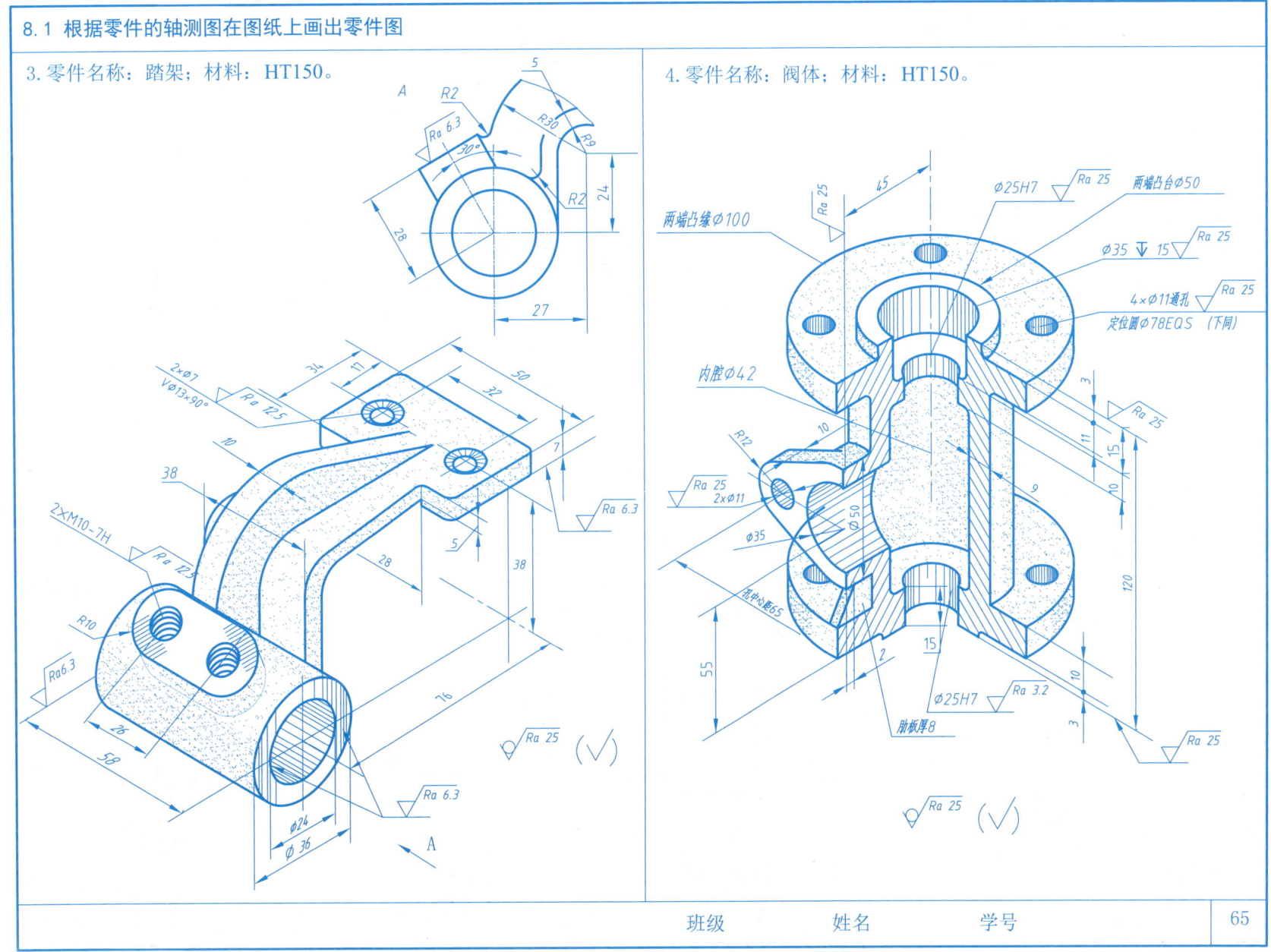

8.2 按要求标注表面粗糙度和尺寸公差

1. 在图中标注各表面的表面粗糙度代号。

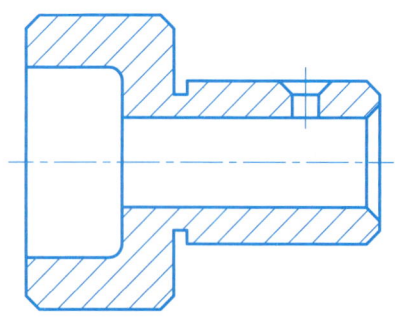

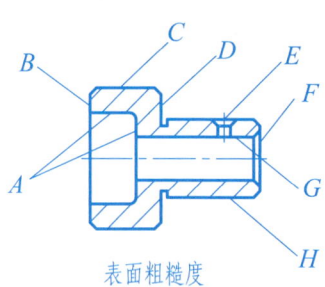

表面粗糙度

面A为 √Ra 25   面F为 √Ra 12.5

面B为 √Ra 3.2   孔面G为 √Ra 0.4

面C为 √Ra 3.2   面H为 √Ra 3.2

面D为 √Ra 3.2   其余面E为 √Ra 25

孔面E为 √Ra 12.5

2. 指出图中表面粗糙度标注的错误，并重新标注。

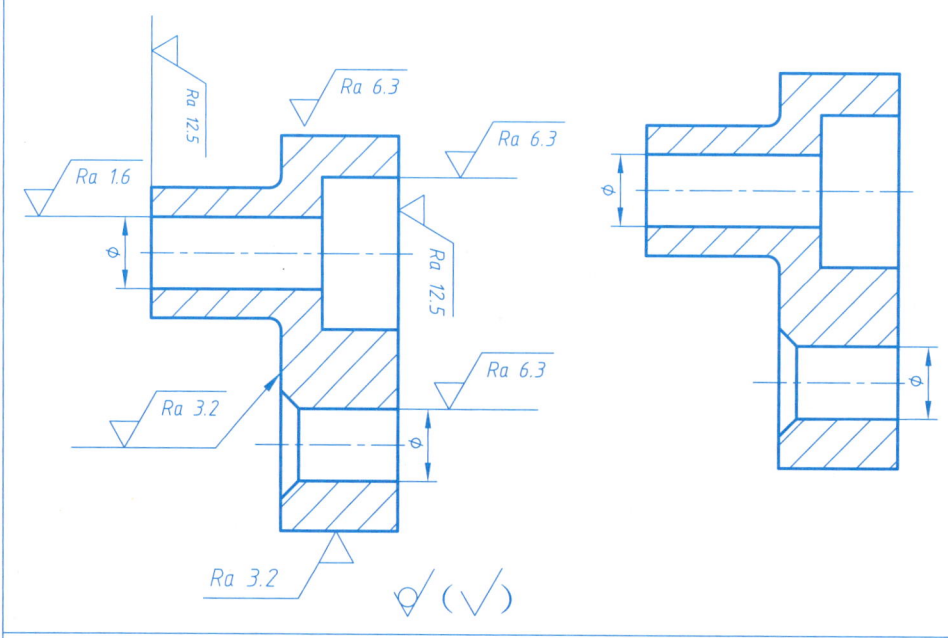

3. 根据轴和轴套的装配尺寸，查表后分别在各零件图中注出公称尺寸和上下极限偏差数值，并填空。

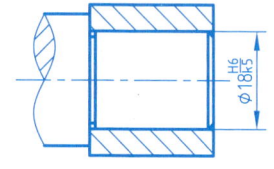
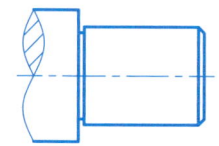
$\phi 18 \text{H6/k5}$
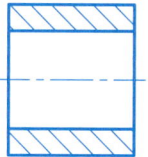

(1) 画出轴和孔的公差带示意图。

(2) 套筒和轴采用的是（　　）制（　　）配合。

8.3 配合与几何公差

1. 已知孔的公称尺寸为 φ30，基本偏差代号为H，公差等级为IT7；轴的公称尺寸为 φ30，基本偏差代号为f，公差等级为IT6。完成以下内容：

（1）在装配图中标注孔和轴的配合尺寸。
（2）在零件图上分别以极限偏差的形式标注轴和孔的尺寸。
（3）该配合是（　　）制（　　）配合。

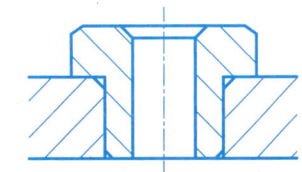
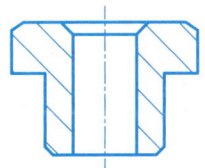
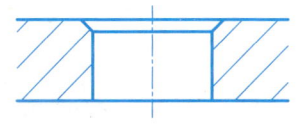

2. 说明图中标注的几何公差的含义。

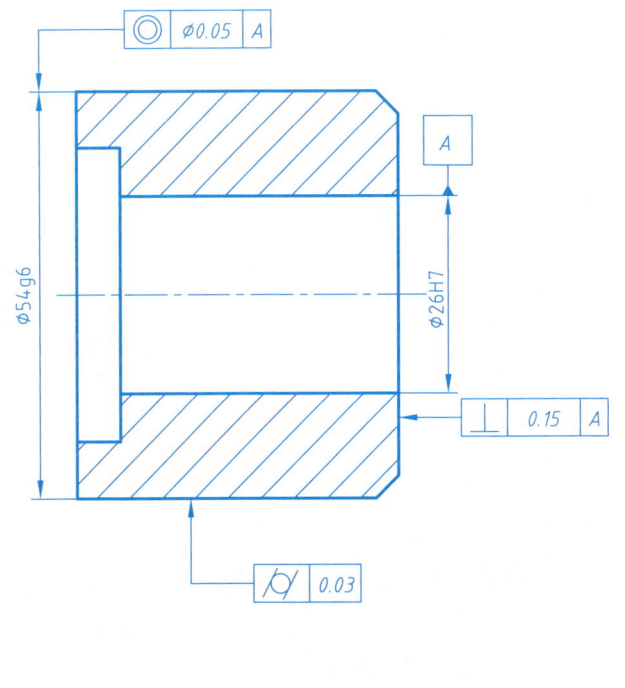

3. 将文字说明的含义用几何公差代号标注在图上。
（1）φ30h7的圆柱度公差为0.02。
（2）φ30h7的轴线对φ20f6的轴线的同轴度公差为φ0.03。
（3）φ40h7圆柱面对φ15H6与φ20f6的公共轴线的圆跳动公差为0.04。
（4）φ40h7圆柱的两端面对φ15H6与φ20f6的公共轴线的垂直度公差为0.02。

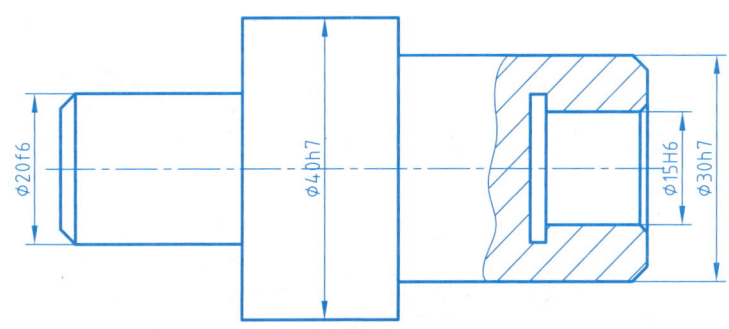

班级　　姓名　　学号

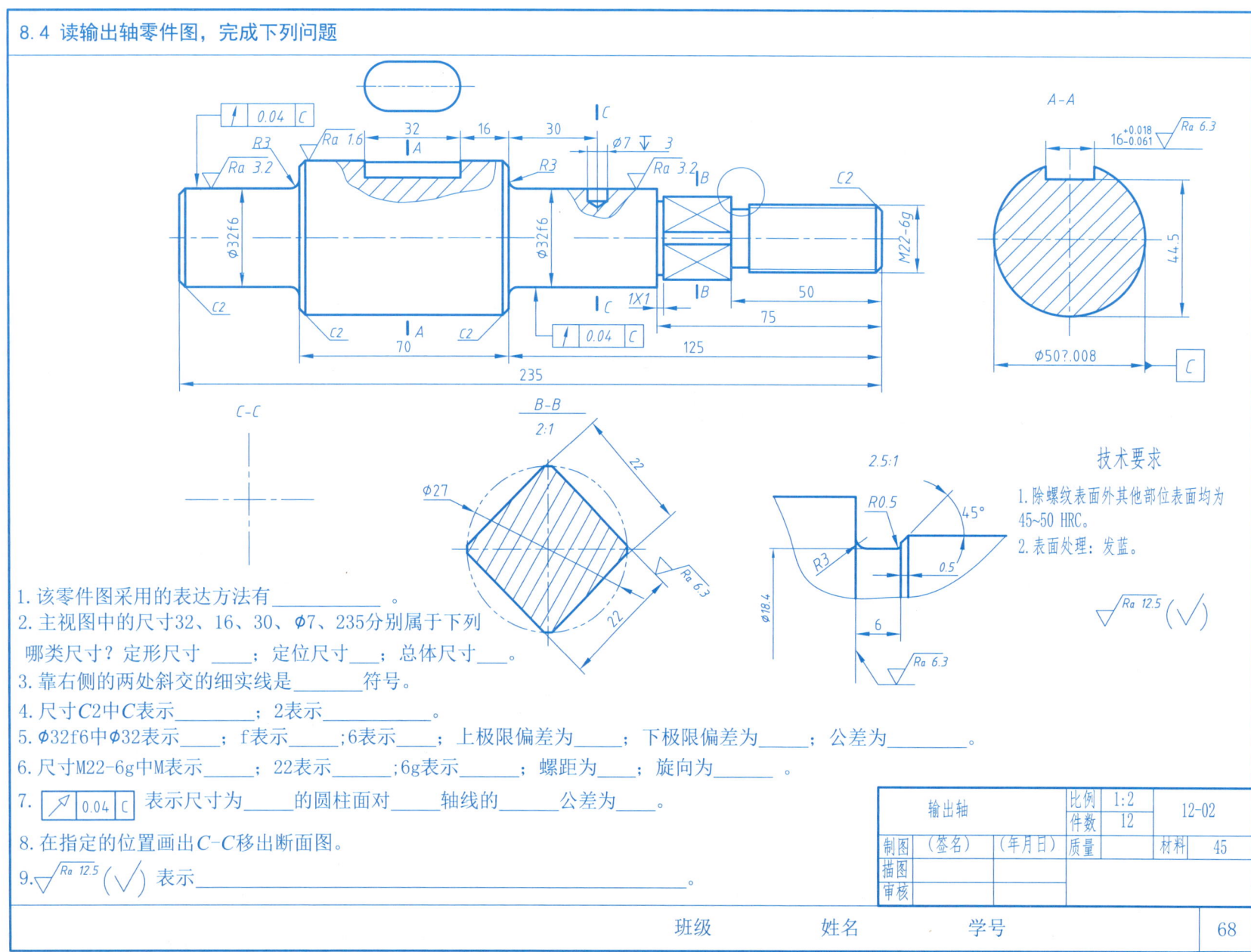

8.5 读套筒零件图，完成下列问题

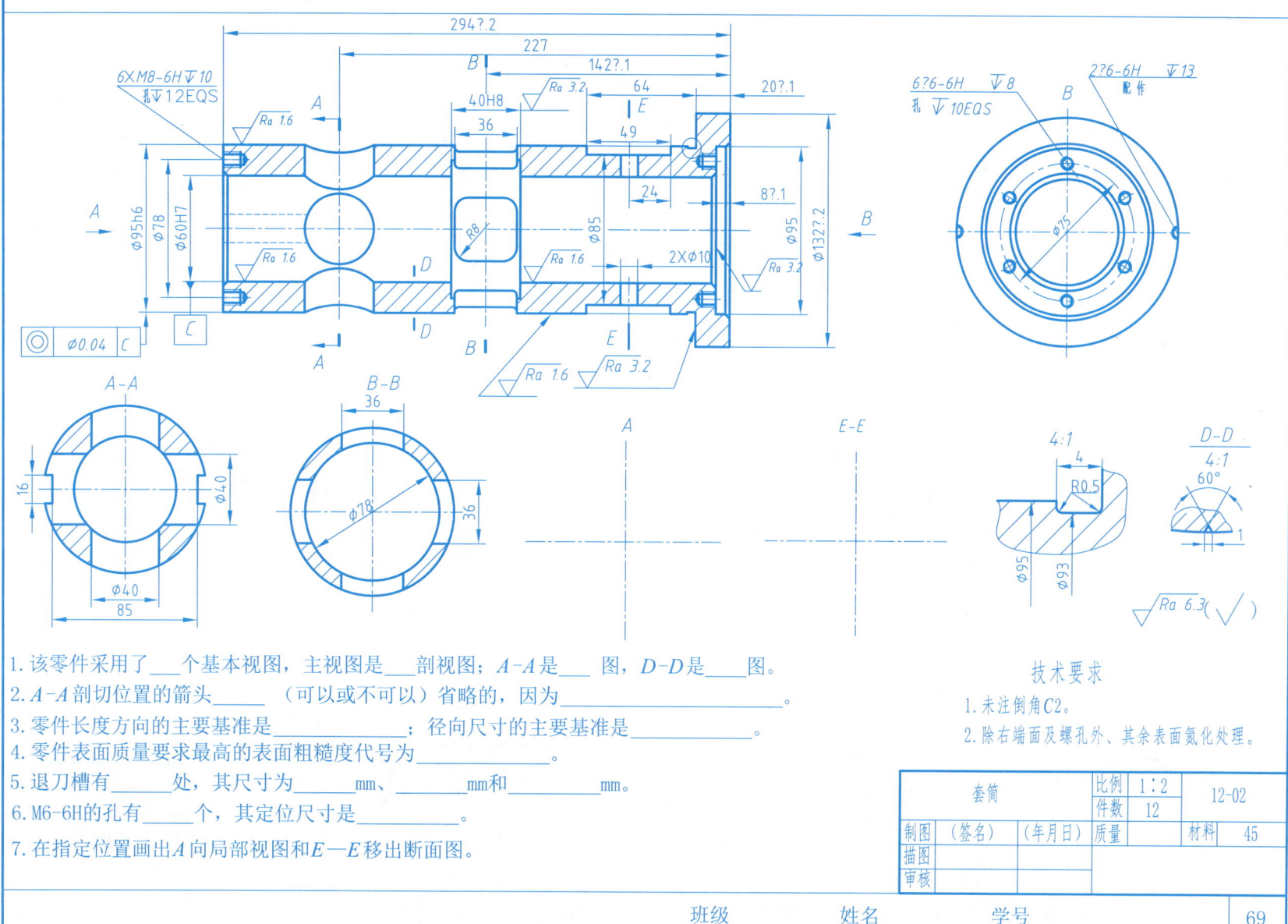

1. 该零件采用了___个基本视图，主视图是___剖视图；A-A是___图，D-D是___图。
2. A-A剖切位置的箭头___（可以或不可以）省略的，因为_____。
3. 零件长度方向的主要基准是_____；径向尺寸的主要基准是_____。
4. 零件表面质量要求最高的表面粗糙度代号为_____。
5. 退刀槽有___处，其尺寸为___mm、___mm和___mm。
6. M6-6H的孔有___个，其定位尺寸是___。
7. 在指定位置画出A向局部视图和E—E移出断面图。

技术要求
1. 未注倒角C2。
2. 除右端面及螺孔外、其余表面氮化处理。

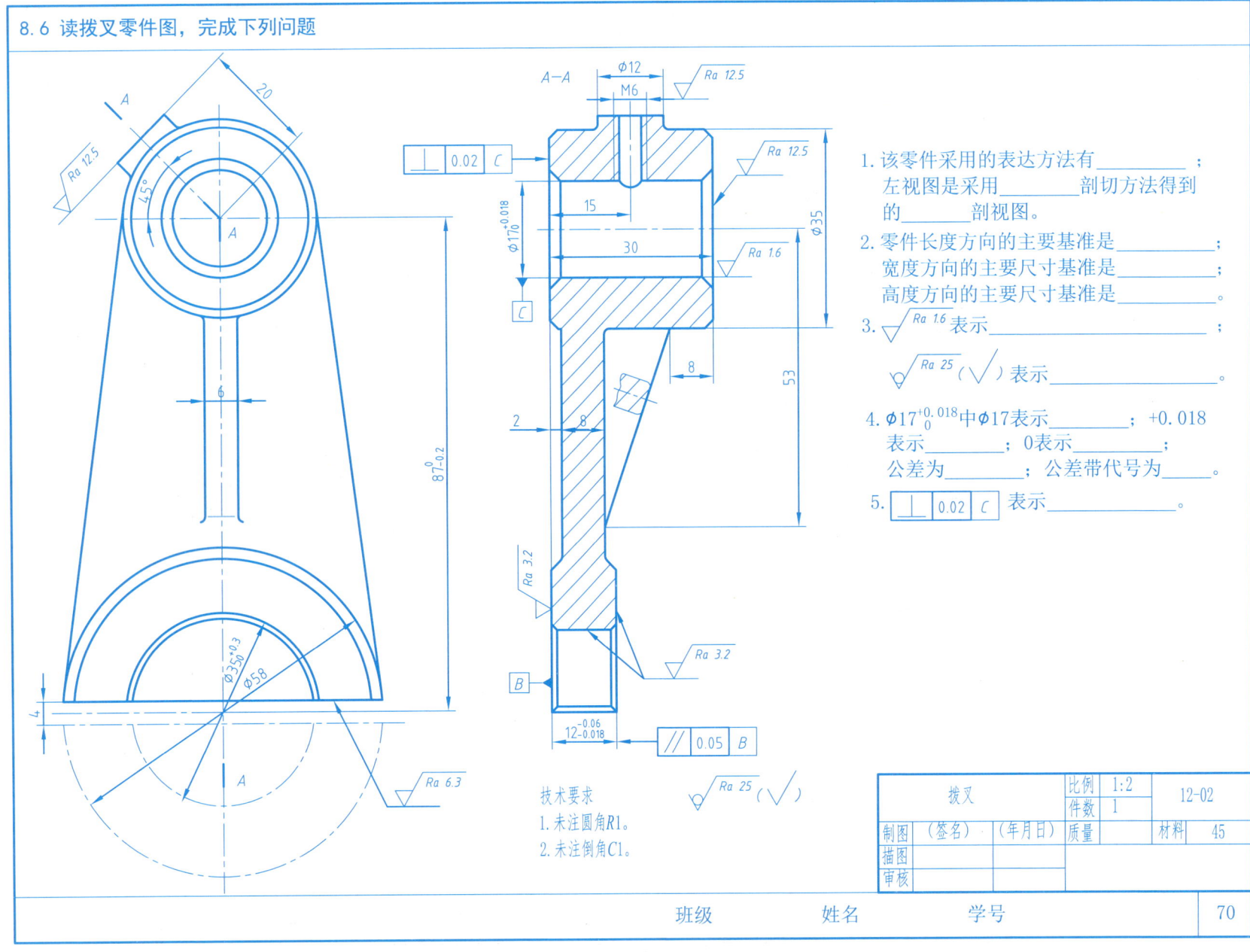

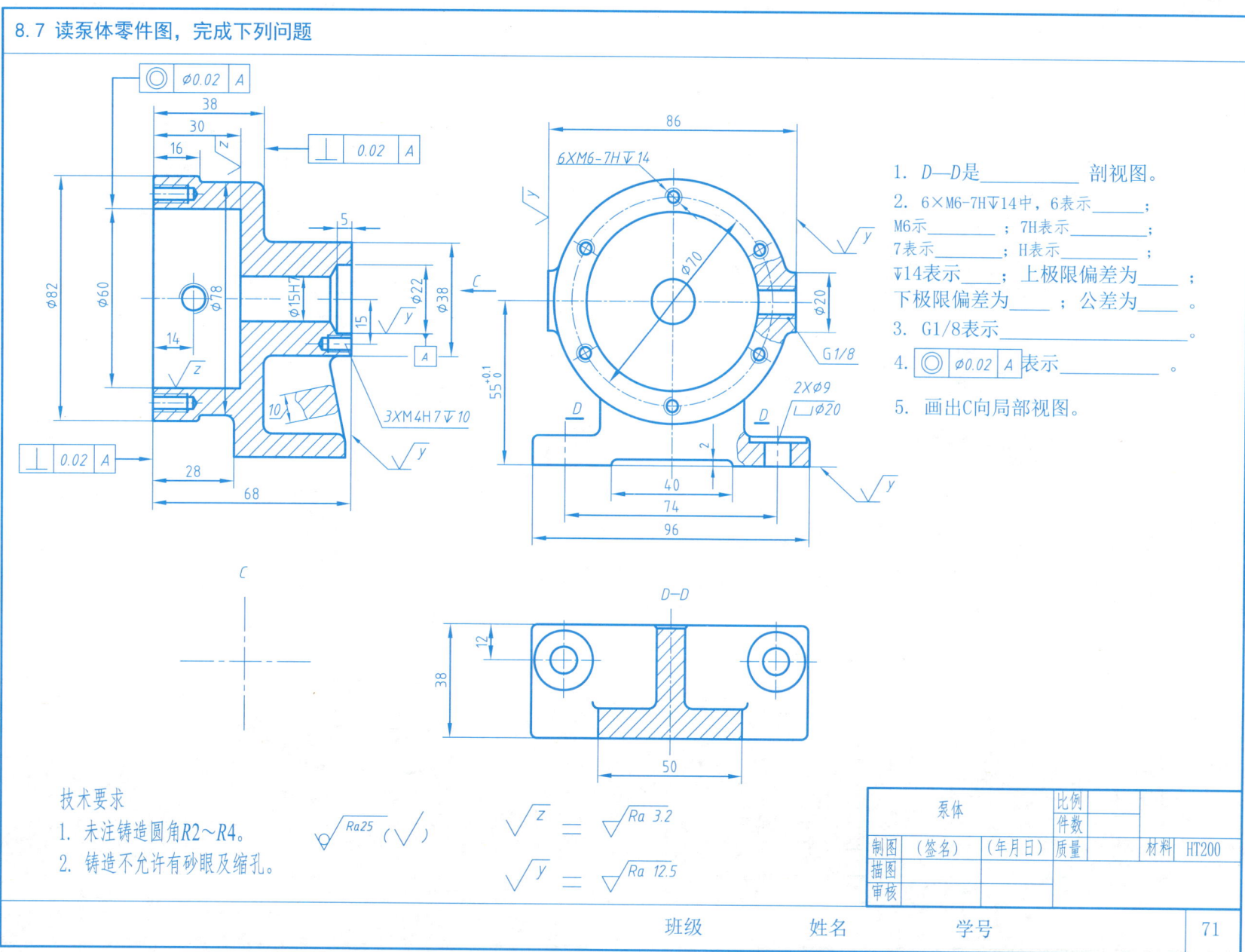

9 装配图

9.1 根据千斤顶零件图拼画装配图

作业要求：
　　根据轴测图和零件图，了解部件的装配顺序，用适当的比例在A3图纸上画出装配图。

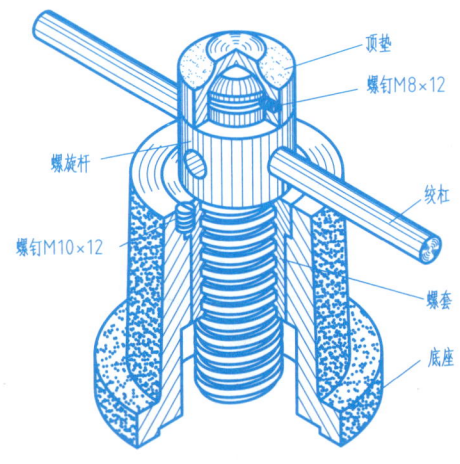

千斤顶工作原理：
　　千斤顶是简单的起重工具，工作时，用可调节力臂长度的绞杠带动螺旋杆在螺套中作旋转运动，螺旋作用使螺旋杆上升，装在螺旋杆头部的顶垫顶起重物。骑缝安装的螺钉M8阻止螺套回转，顶垫与螺旋杆头部以球面接触，其内径与螺旋杆有较大间隙，既可减小摩擦力不使顶垫随同螺旋杆回转，又可自调心使顶垫上平面与重物贴平；螺钉M8可防止顶垫脱出。

7	顶　　垫	1	35	
6	螺　钉8×12	1		GB/T 75
5	绞　　杠	1	Q235A	
4	螺　钉M10×12	1		GB/T73
3	螺　　套	1	ZCuAl10Fe3	
2	螺旋杆	1	45	
1	底　　座	1	HT200	
序号	名　　称	件数	材料	备注

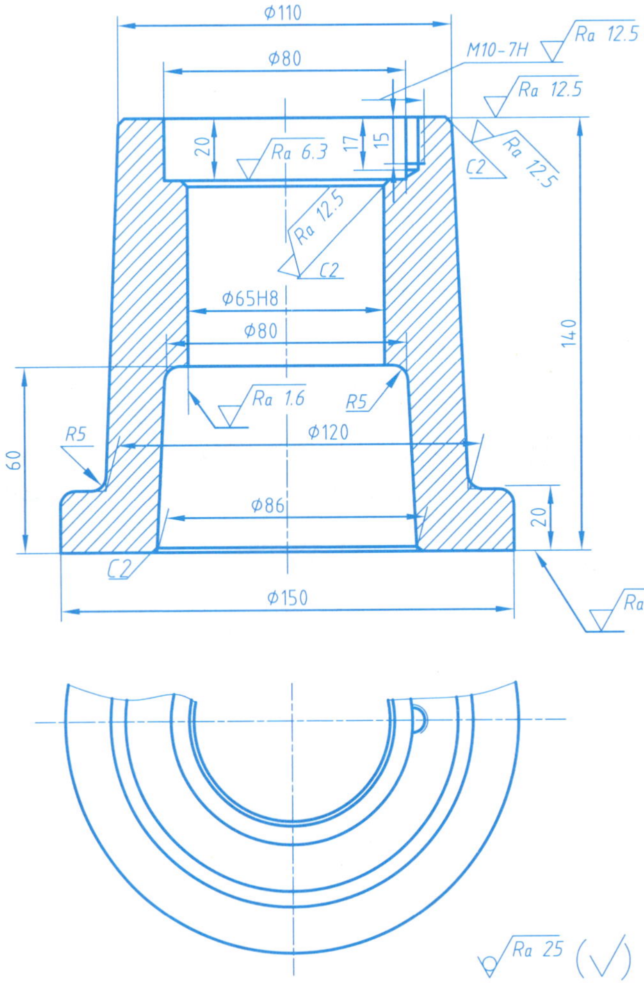

序号	名称	材料	数量
1	底座	HT200	1

班级　　姓名　　学号

9.1 根据千斤顶零件图拼画装配图

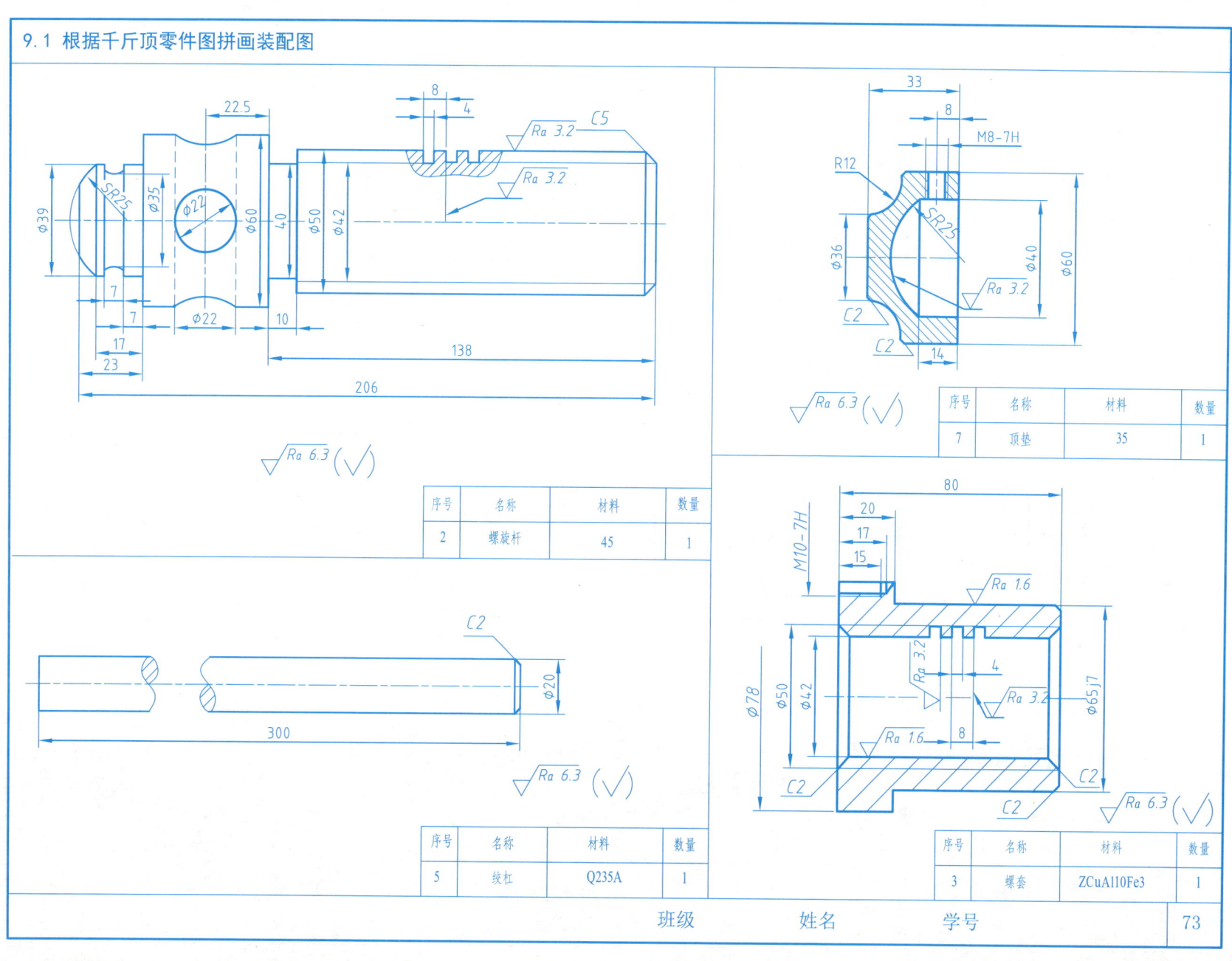

9.2 根据旋塞零件图拼画装配图

作业要求：
根据轴测图和零件图，用适当的比例在A3图纸上画出装配图。

旋塞的工作原理：
旋塞是一个开关设备，它以螺纹连接在管道上，其特点是开关迅速。下图为其在打开位置的示意图。当旋塞旋转90°后锥形塞上的孔与管道垂直，表明已关闭，为防止泄漏，在锥形塞和阀体之间充填填料（石棉绳），并用压盖压紧，压紧后要求达到密封可靠，且锥形塞转动灵活。

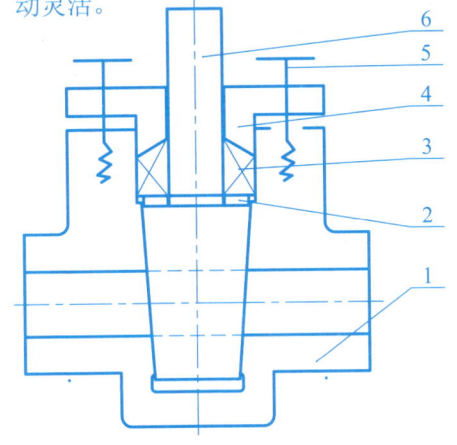

6	阀杆	1	45	
5	螺栓 M10×25	2	Q235A	GB/T 5782
4	填料压盖	1	HT200	
3	填料	1	石棉绳	
2	垫圈	1	Q235A	
1	阀体	1	HT200	
序号	名　称	件数	材料	备注

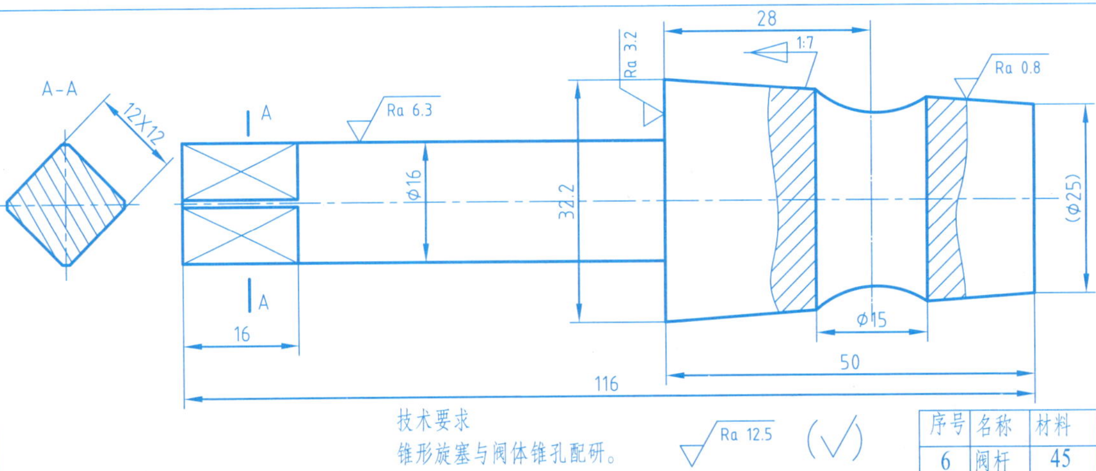

技术要求
锥形旋塞与阀体锥孔配研。

序号	名称	材料	数量
6	阀杆	45	1

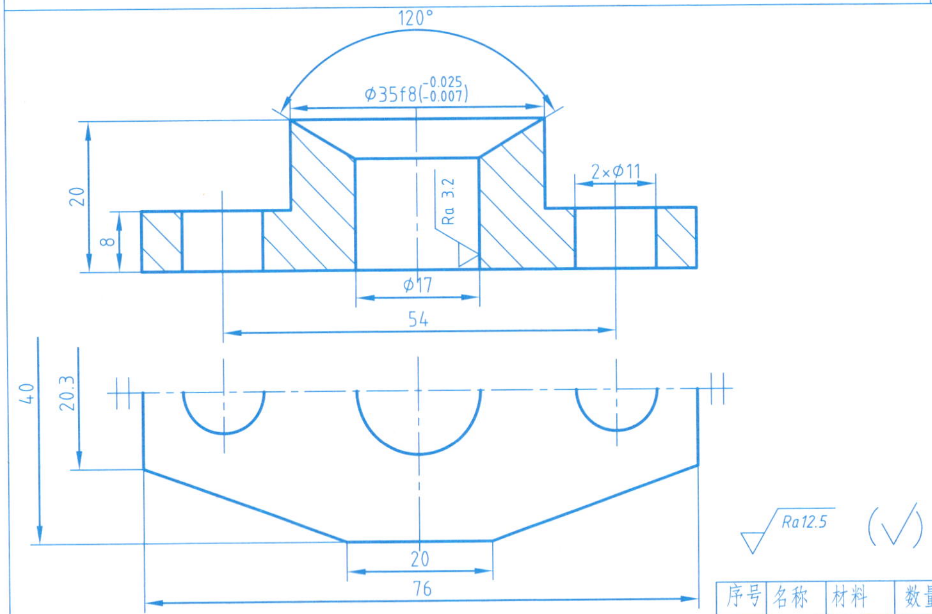

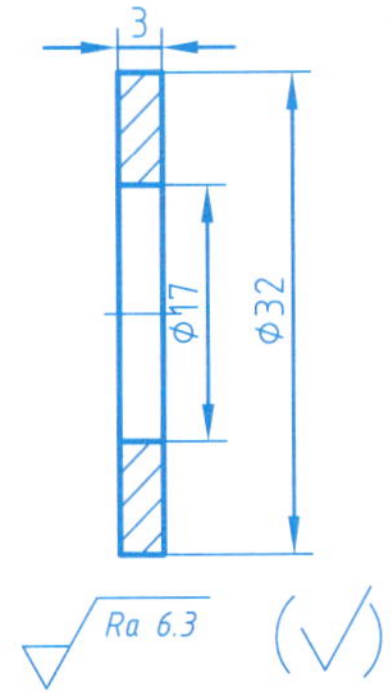

序号	名称	材料	数量
2	垫片	Q235A	1

序号	名称	材料	数量
4	压盖	HT200	1

班级　　姓名　　学号

9.2 根据旋塞零件图拼画装配图

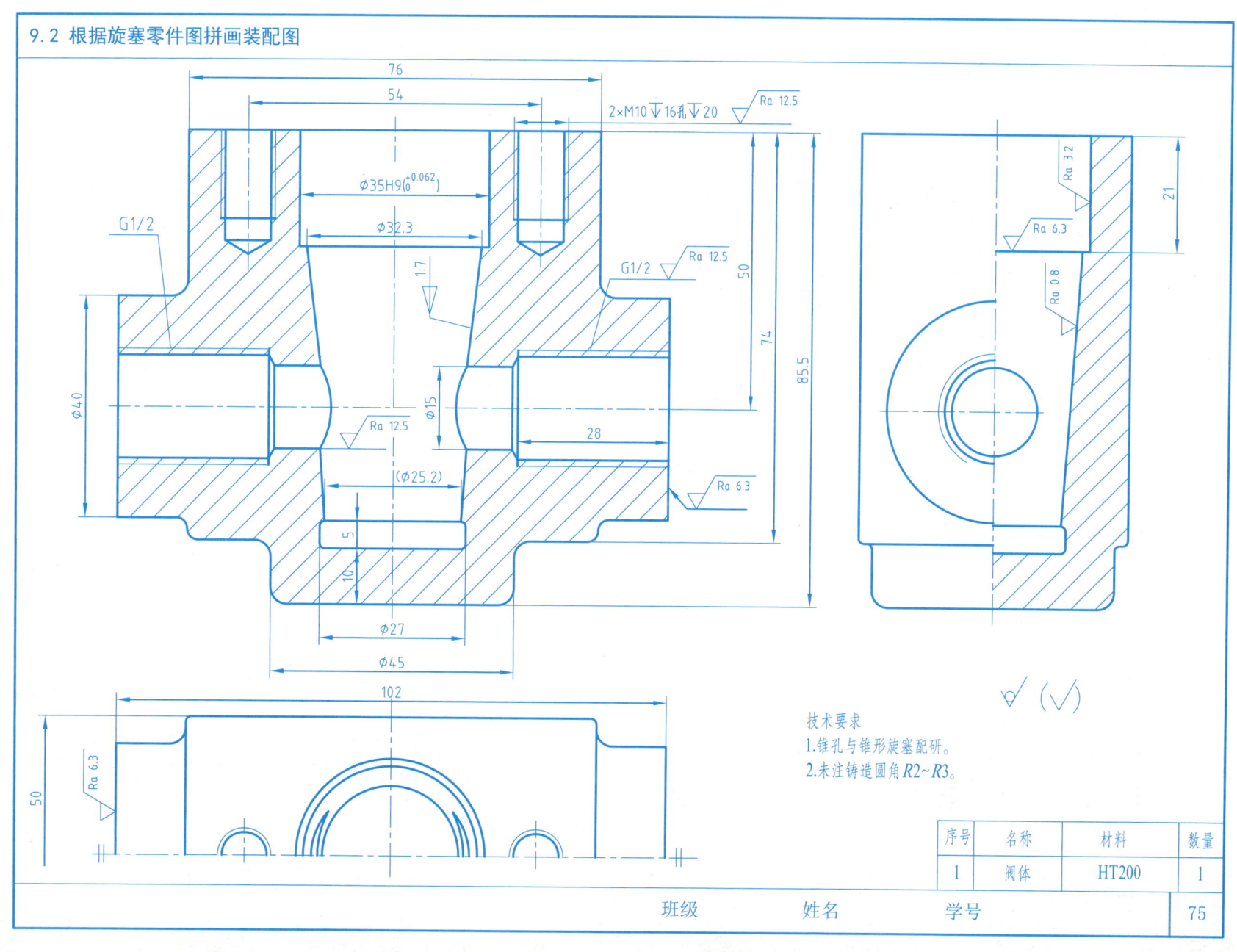

技术要求
1.锥孔与锥形旋塞配研。
2.未注铸造圆角R2~R3。

序号	名称	材料	数量
1	阀体	HT200	1

9.3 读泄气阀装配图并完成下列问题

1. 工作原理

推动阀杆6，顶起钢球4打开或关闭阀口，从而达到泄气的作用。

2. 思考题

(1) φ16H7/g6 是_____制_____配合。

(2) 图中 φ16H7/g6 属于_____尺寸，G3/8 属于_____尺寸，90 属于_____尺寸。

(3) 用适当的表达方法拆画6号阀杆套的零件图；要求在零件图上标注有配合要求的尺寸公差，并注出 φ6 内表面的粗糙度，该表面的 Ra 上限值为 6.3μm。

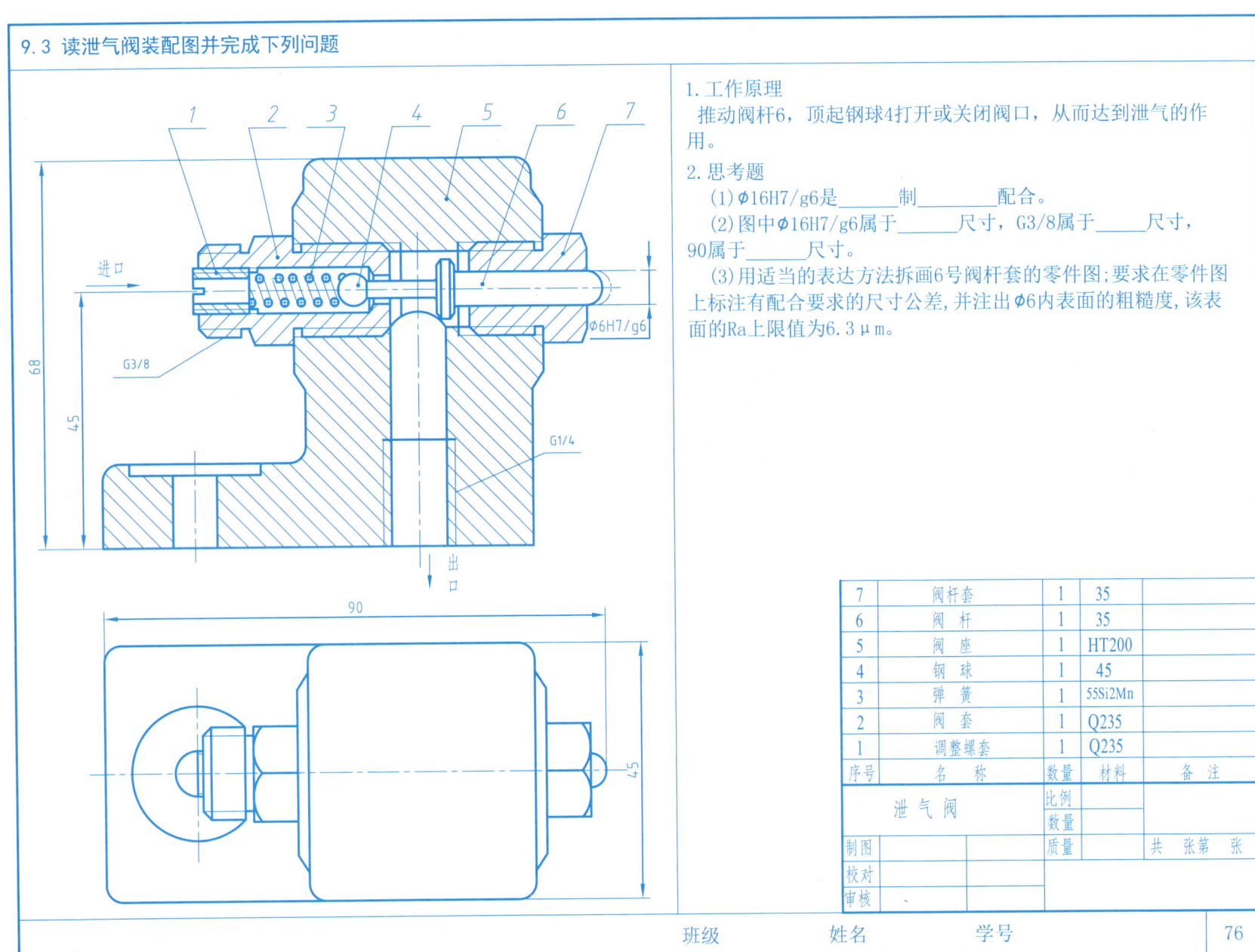

7	阀杆套	1	35
6	阀杆	1	35
5	阀座	1	HT200
4	钢球	1	45
3	弹簧	1	55Si2Mn
2	阀套	1	Q235
1	调整螺套	1	Q235
序号	名称	数量	材料 备注

泄气阀

9.4 读手压阀装配图并完成下列问题

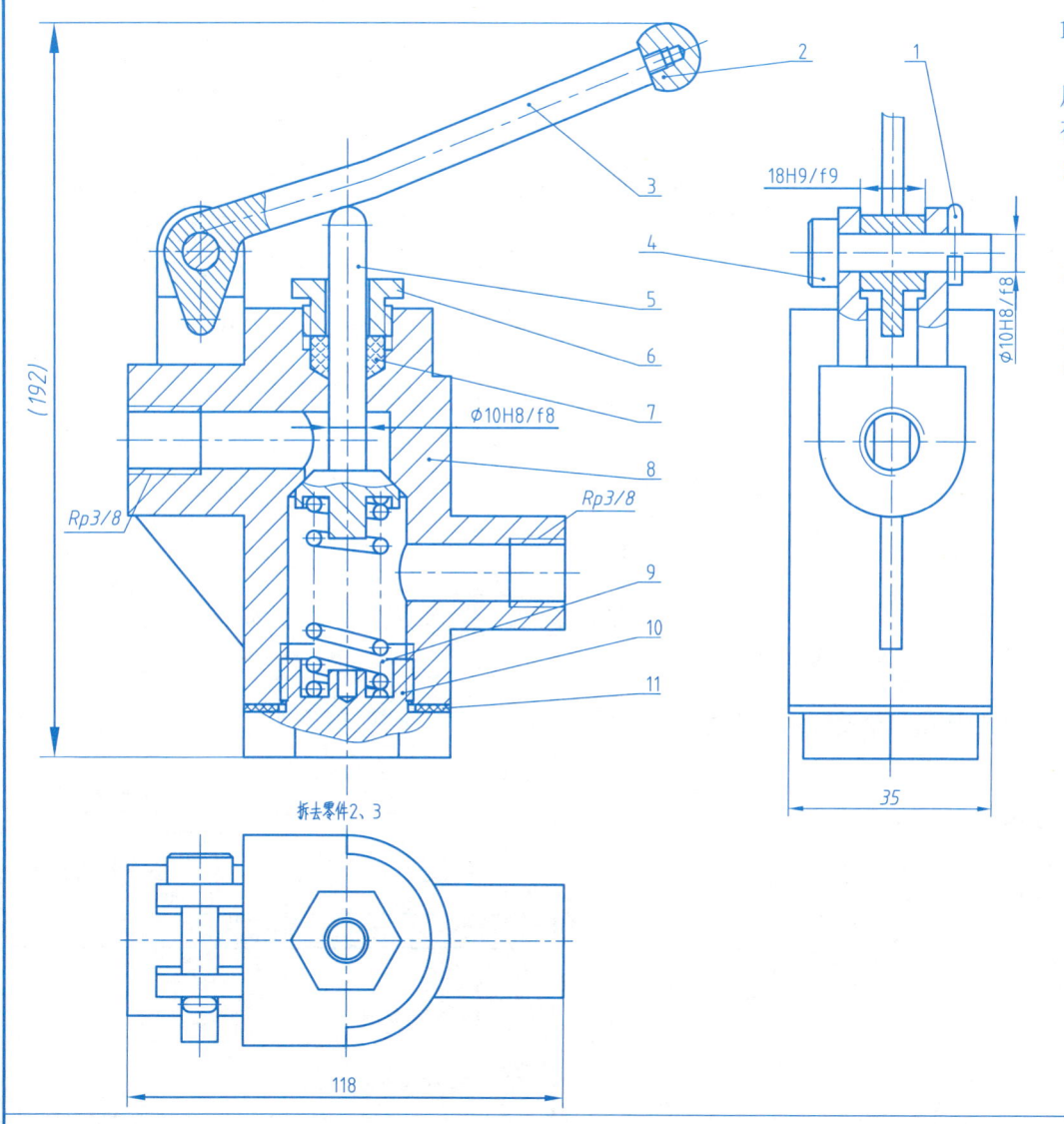

1. 工作原理
手压阀是用手动控制管道开、闭的装置。按下压杆3使阀杆5下移，打开阀门。放开压杆3，阀杆5在弹簧9的作用下，将阀门关闭。

2. 思考题
(1) 手压阀的安装尺寸有哪些？
(2) 左视图的局部剖，主要反映哪些零件的装配、连接关系。
(3) 拆画阀体8的零件图，要求选用合适的表达方法表示形体，未注明的尺寸公差、表面粗糙度等省略。

11	垫 片	1	纸	
10	阀 盖	1	Q235	
9	弹 簧	1	钢丝	
8	阀 体	1	HT200	
7	填 料	1	石棉绳	
6	压 盖	1	Q235	
5	阀 杆	1	Q235	
4	轴	1	Q235	
3	压 杆	1	Q235	
2	手 把	1	塑料	
1	销2.5×16	1	Q235	GB/T 91-1986
序号	名 称	数量	材料	备 注

手压阀

9.5 读齿轮油泵装配图并完成下列问题

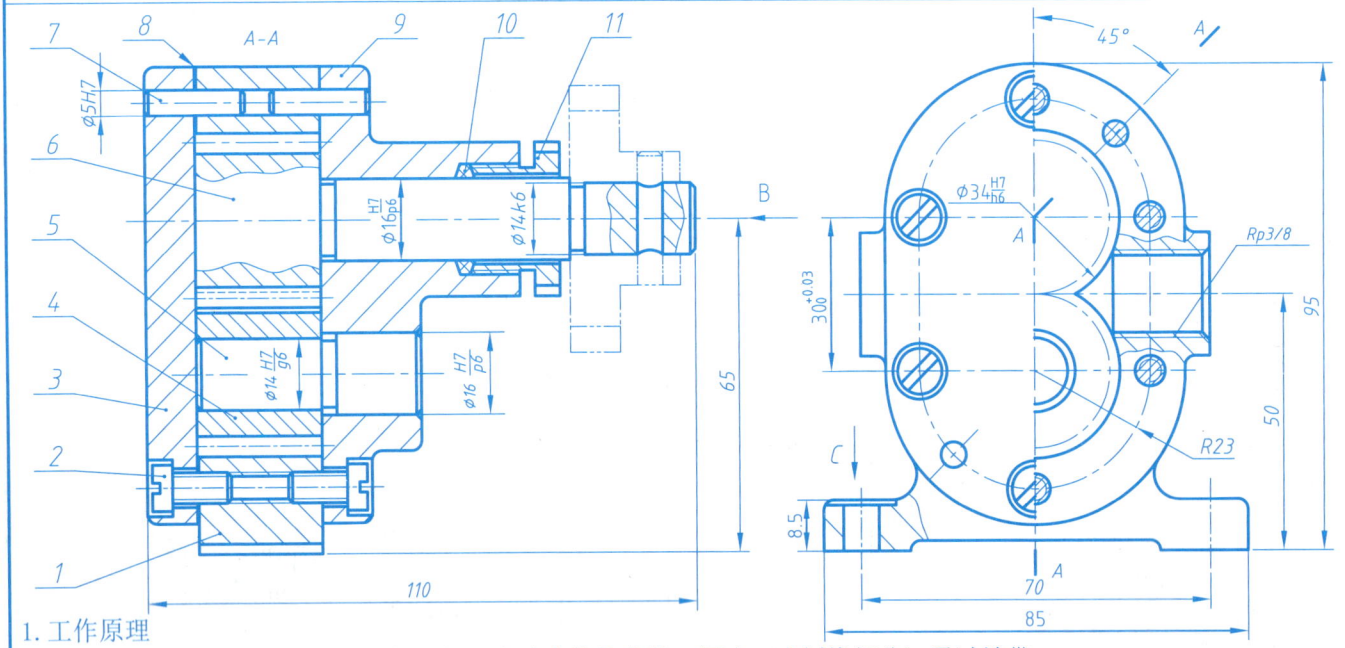

1. 工作原理

齿轮油泵是给机器润滑用油的设备,当动力传给齿轮(图中双点划线部分)通过销带动,主动齿轮轴6旋转,主动齿轮又带动与它啮合的从动齿轮4作反向旋转,使泵体进口处压力降低,油即被吸入泵内,随齿轮的旋转,通过齿轮的刮油作用,使吸入的油以较高压力从出口处流出。

2. 完成下列问题

(1) 该部件名称是_____,由____种零件组成,其中标准件有___件,零件总数为___件。

(2) 齿轮油泵的规格尺寸为_____,安装尺寸为_____装配尺寸为_____。

(3) $\phi 16H7/h7$ 是____配合,其中$\phi 16$为____,H7为孔的____,H7的上极限偏差为____,下极限偏差为____,h7为轴的____,h7的上极限偏差为____,下极限偏差为____。

(4) 泵盖3、泵座9与泵体1中用____连接,垫片8、填料10的作用是_____。

(5) 该装配图采用的表达方法有_____。

(6) 拆画泵体1、主动齿轮轴6或泵座9等零件图。

技术要求

1. 本齿轮油泵的输油量可按下式计算: $q_V = 0.007n$,式中 q_V——体积流量,L/min;n——转速,r/min。
2. 吸入高度不得大于500 mm。
3. $\phi 5H7$两圆柱销孔装配时钻。
4. 装配完毕用手转动主动齿轮轴应旋转灵活。

6	主动齿轮	1	45	m=2,Z_1=15
5	从动轴	1	45	
4	从动齿轮	1	45	m=2,Z_2=15
3	泵盖	1	HT200	
2	螺钉M6×14	1	Q235	GB/T65
1	泵体	1	HT200	
序号	名称	数量	材料	备注

11	螺母	1	Q235	
10	填料	1	毛毡	
9	泵座	1	Q235	
8	垫片	2	软钢纸板	
7	销5×20	4	35	GB/T119.1

齿轮油泵

10 计算机绘图

10.1 用AutoCAD绘制下列平面图形

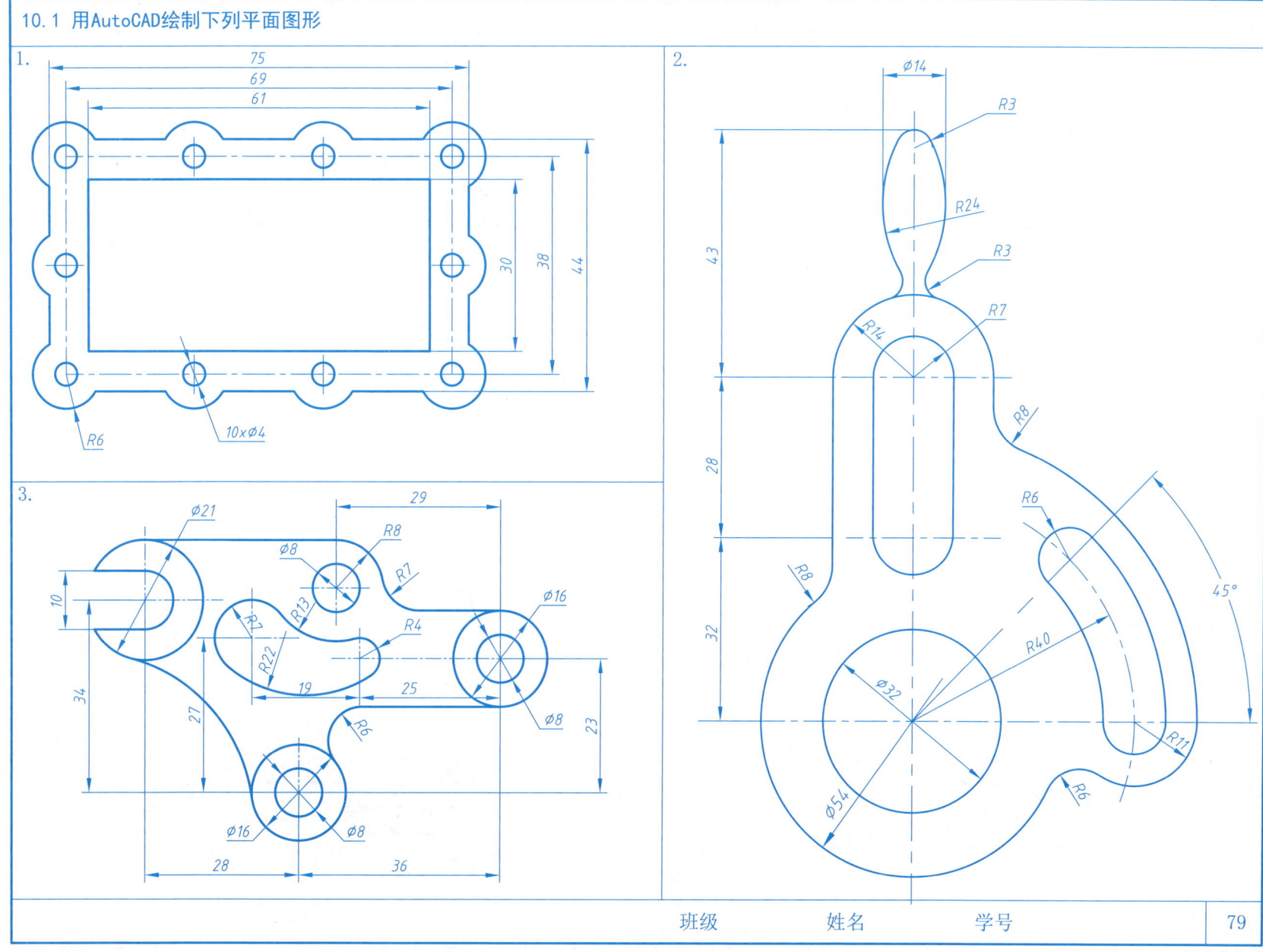

| 班级 | 姓名 | 学号 |

10.2 用AutoCAD绘制组合体的三视图并标注尺寸

1.
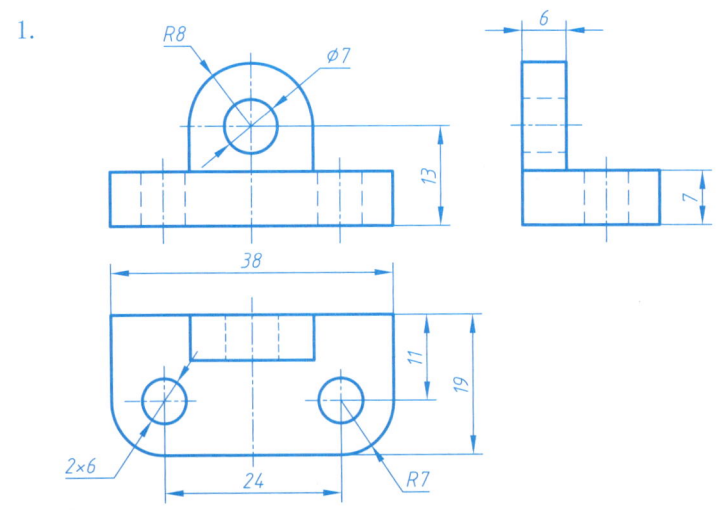

2.
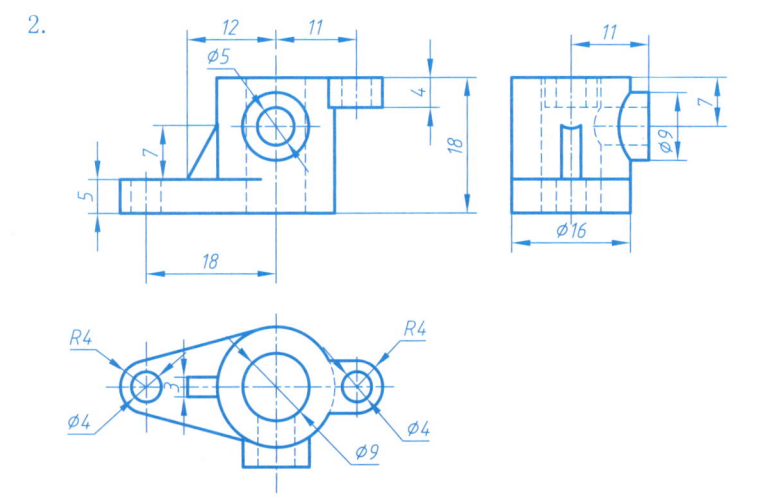

3.
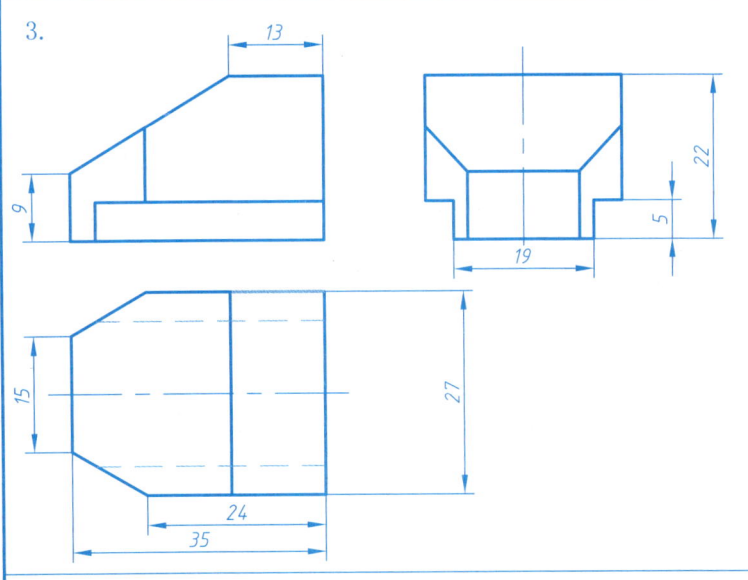

4.
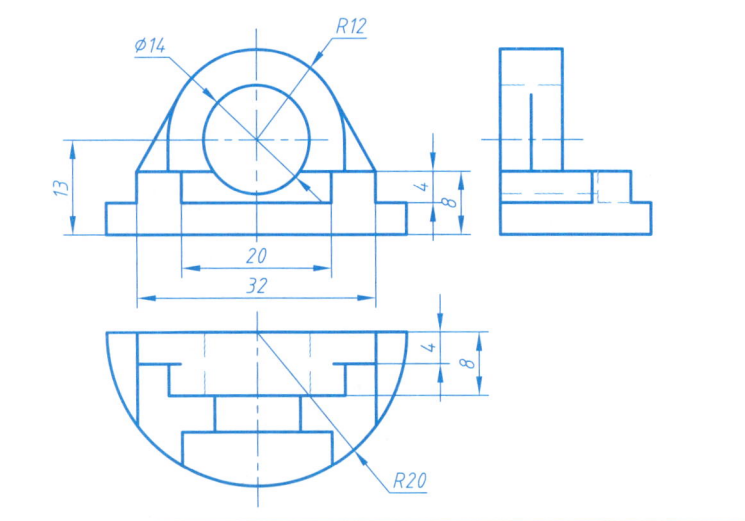

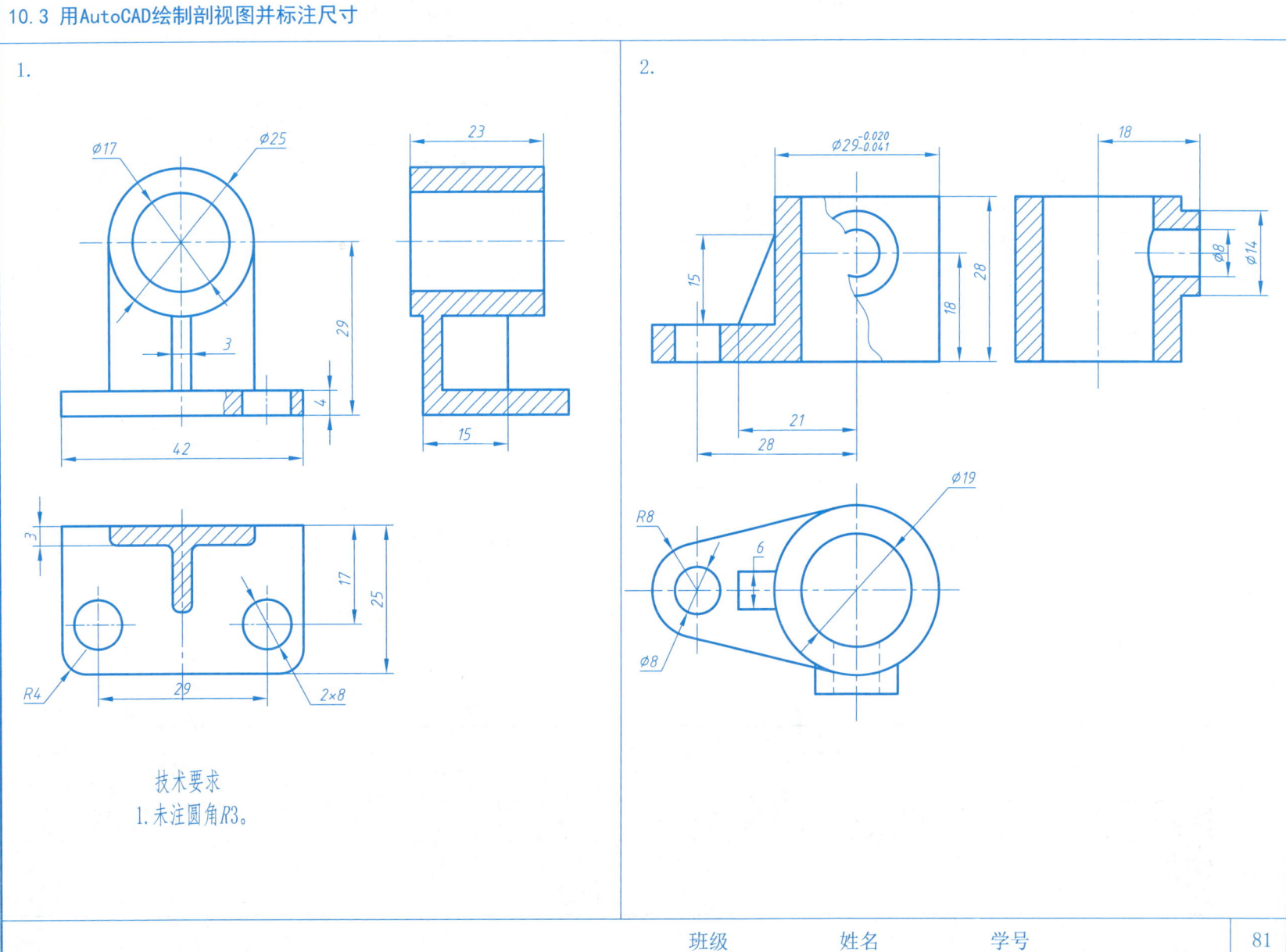

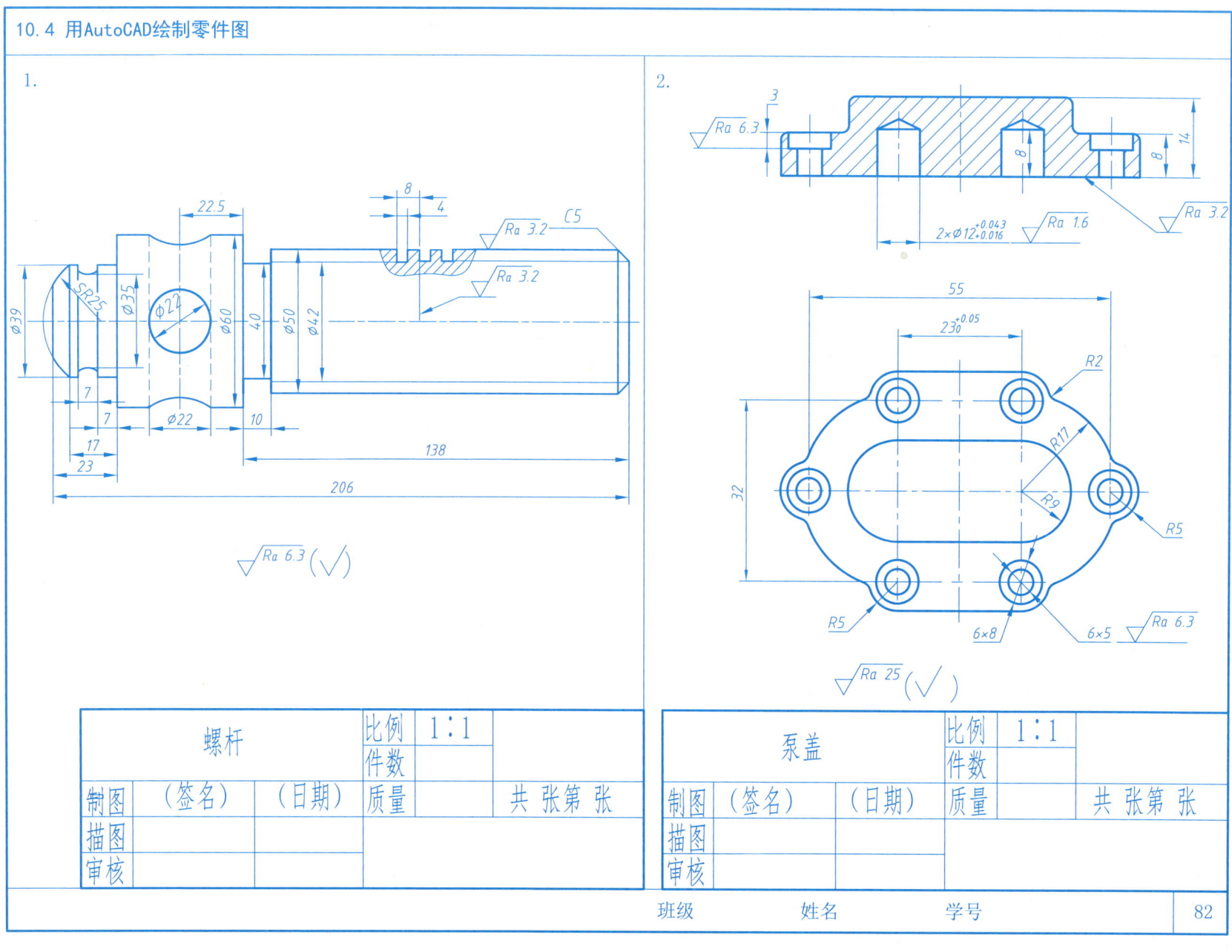

参考文献

[1] 赵大兴，尹杰，高成慧.现代工程图学习题集[M].6版.武汉：湖北科学技术出版社，2009.

[2] 阮春红，高成慧，李喜秋.3D工程制图 实践篇[M].武汉：华中科技大学出版社，2010.

[3] 陈意平，任仲伟，朱颜.机械制图习题集[M].沈阳：东北大学出版社，2013.

[4] 丁一，梁宁.机械制图习题集[M].2版.重庆：重庆大学出版社，2017.

[5] 阮春红，魏迎春，朱洲，等.画法几何及机械制图习题集[M].2版.武汉：华中科技大学出版社，2012.

[6] 杨裕根，李兵.画法几何及机械制图习题集[M].北京：北京邮电大学出版社，2016.

[7] 王成刚 赵奇平 崔汉国.工程图学简明习题集[M].4版.武汉：武汉理工大学出版社，2014.

[8] 杨裕根，诸世敏.现代工程图学习题集[M].4版.北京：北京邮电大学出版社，2017.